기독교문서선교회 (Christian Literature Center: 약칭 CLC)는 1941년 영국 콜체스터에서 켄 아담스에 의해 시작되었으며 국제 본부는 미국 필라델피아에 있습니다. 국제 CLC는 약 650여 명의 선교사들이 59개 나라에서 180개의 서점을 운영하며 이동 도서 차량 40대를 이용하여 문서 보급에 힘쓰고 있으며 이메일 주문을 통해 130여 국으로 책을 공급하고 있는 국제적 문서선교 기관입니다.

추천사 1

김 석 동 목사
시드니 북부해변장로교회 원로목사

세월이 참 빠른 것 같다. 모세가 "신속히 가니 우리가 날아가나이다"(시 90:10)라고 고백한 시가 친밀하게 다가온다. 김선규 목사님과 첫 만남은 한창 때인 젊은 나이였다.

그때부터 지금까지 깊은 속이야기까지 내어놓는 소중한 친구이자 동역자로, 또한 형제로 위로를 받고 도움을 받으며 예수 그리스도께서 원하시는 진정한 사랑을 나누며 교제하고 있다. 함께 했던 지나온 시간을 유추해 보면 고국을 떠나 머나먼 이국땅에서 김 목사님과의 만남은 나에게 허락하신 하나님의 은혜였고 커다란 축복이었다.

나는 힘들고 어려울 때 기도와 격려로 힘을 얻었고, 많은 추억을 쌓으며 깊은 우정과 사랑을 나누며 난관들을 헤쳐나갈 수 있었다. 이런 많은 시간을 함께하며 얻은 결론으로 김선규 목사님은 목사 중의 목사인 참 목사님이시라는 걸

누구에게도 자신 있게 말할 수 있다는 것이다.

그런데 하나님의 셈법인 세월 앞에는 누구나 수긍해야 하듯이 김 목사님도 지금까지의 사역을 마무리하는 은퇴라는 단어를 접하게 되었다는 소식을 들었을 때, 형언할 수 없는 감정과 함께했던 수많은 시간이 주마등처럼 스쳐 지나갔다.

사실 은퇴 소식을 접하며 아쉬움과 함께 목사님의 지금까지의 아름다운 사역이 묻힐까 염려했었는데 다행히 능력의 사역과 그 열매를 책으로 출간하신다고 해서 반가웠고 책 내용을 보며 눈물을 흘렸다.

이 땅에 사는 우리 그리스도인들은 하나님께서 선물로 주신 생애의 최종 목적이 무엇일까요?

이 질문에 대한 답을 이 책에서 발견할 수 있다. 목회 사역 현장에서 펼쳐진 하나님께서 하신 일들과 하나님의 원하심에 어떤 반응을 해야 하며, 그 반응이 어떤 열매를 맺게 하시는지를 상세하게 기록되어 있다. 이 세상 나그넷길 여정을 통과해야 하는 크리스천의 로드맵으로 충분하다.

이 소중한 책을 접하는 분들은 하나님의 뜻을 위해 몸부림침으로 모든 이에게 본이 되는 선한 행동이 일어나게 될 것이다. 그리고 거룩한 하나님의 이름을 열방에 드러내며,

하나님께 영광을 돌리게 될 것이라고 확신한다.

  이 책을 읽는 모든 분에게 "그리스도의 장성한 분량이 충만한 데까지 이르리니"(엡 4:13)라고 하신 하나님의 원하심을 이루어 드리길 소망한다. 이 세상에서 순례자의 길을 걷는 동안 하나님께서 방패가 되시고, 피난처가 되실 것이다. 그러므로 그 하나님을 찬양하며 그 하나님과 동행하는 축복의 생애가 되길 소망한다.

추천사 2

윤 명 훈 목사
골드코스트 비전장로교회 담임목사

시간이 이렇게 빨리 가는 줄 몰랐다. 목사님이 은퇴를 준비하시며 이 회고록을 쓰셨다는 것이 조금 당황스럽다. 김선규 목사님은 브리즈번한인중앙장로교회 담임목사이시면서 대양주예수교장로회 퀸즐랜드 노회장을 맡고 계시고, 퀸즐랜드의 교회연합 활동을 이끄시는 분이셔서 나와 같은 이민교회 목회 후배들에게 큰 우산 같은 분이다.

나에게 있어서 김 목사님은 변화무쌍한 목회 상황에서 겪게 되는 고민을 언제나 찾아가 묻고 지혜를 얻을 수 있는 든든한 보고일뿐만 아니라 점점 생각이 좁아지고 외골수가 되어가는 목회 길에서 김 목사님의 발걸음은 새로운 상상을 공급하는 물줄기 같았다. 그런데 회고록을 읽으며 벌써 그 길에서 그림자를 거두고 내려오실 때가 된 것이 당황스

럽고 서글퍼졌다.

하나님은 김선규 목사님과 임선희 사모님을 씨만 뿌리고 물만 잘 주면 되는 밭으로 보내신 것이 아니라는 것을 이 회고록을 읽는 독자라면 누구나 알 수 있다. 가족은 물론 목사님 자신조차 서기 힘든 곳으로 보내셨다.

연구실에 앉아 학구열을 불태우며 씨름하는 책상이 아니라 생계를 위해 돈을 꾸러 다녀야 하는 땅으로 보내셨고, 그러면서도 전도지를 들고 거리에서 전도해야 하는 땅으로 그리고 죽을힘을 다해 쌓아 놓으면 홍수에 목회의 토양이 일순간 쓸려 내려가는 그런 땅으로 보내셨다.

회고록에 등장하는 상처 난 위에서 나오는 향유고래의 용연향, 속살을 찢으며 조개가 만들어 내는 진주의 비유는 목사님과 사모님이 어떤 현장에서 살았는지를 말해 주는 대표적인 상징 같다.

목회하면서 목사는 자신에게 별의별 모습이 다 있다는 것에 놀란다고 한다. 그리고 목양의 울타리에 있는 나의 성도라 할지라도 그 속에 별의별 모습이 다 있다는 것에 목회자는 또 놀란다. 그러나 목회자를 가장 당황스럽게 하는 것은 목회하면서 하나님의 별의별 모습을 보게 된다는 것이다.

나에게 예수 그리스도의 깊은 사랑을 주신 하나님이 나를 아주 냉랭하게 대하시는 모습도 만나고, 너무도 둔감하시다가 너무도 민감하게 나를 달아보시는 하나님도 만난다. 나에게 있어서 목회자의 진검승부는 바로 이 하나님과 계속 지내는 힘이다. 말도 안 되는 명령을 하시고, 너무 작은 것까지도 검열하시는 하나님과 계속 같이 걸어가는 목사를 만나는 것은 성도가 누릴 수 있는 엄청난 축복이다.

하나님께서는 김 목사님께 놀라운 능력을 주시며 성도들에게 치유의 목사, 능력의 목사, 특별히 아끼시는 목사로 드러나게 하기도 하셨지만, 하나님의 것을 가로채면 하나님은 즉각적으로 반응하시며 하나님의 몫을 채권자처럼 요구하기도 하셨다.

나는 이 다양한 하나님 체험을 '인격적 만남'이라고 부르고 싶다. 그것은 바로 우리 예수님의 체험이기도 하다. "내 사랑하는 아들이라"하고 말씀하시며 예수님의 수세를 축복하기도 하셨지만, 고난 가운데 침묵하시는 하나님이기도 하다. 그러나 예수님은 그 모든 하나님의 모습에 순종하시며 자신의 길을 가셨다.

어쩌면 은퇴란 하나님이 나를 통해 무엇을 하려고 하셨는지 혹은 하나님은 사역을 통해 나를 어떤 모습으로 빚어가려고 하셨는지 짐작해 볼 수 있는 가장 적합한 시점이라는 생각도 든다. 하나님은 김선규 목사님을 그 은퇴의 자리로 인도하시며 주님의 사랑을 더욱 깨닫게 하시는 영광을 주시는 것 같다.

아울러 이 말씀을 브리즈번한인중앙장로교회 성도들에게 꼭 전하고 싶다.

"하나님은 성도 여러분을 사랑하셨기에 무엇이든 주님이 놓으신 길을 피하지 않고 순종하며 주님과 깊은 정을 쌓은 목사님과 사모님을 보내 주셨습니다. 그리고 그 두 분은 매일 밤 성도를 위해 하나님께 울부짖었습니다. 이 사랑의 증표를 잊지 마시고, 더욱 하나님 나라를 향해 전진해 나가셔서 헌신하신 두 분의 땀과 기도를 값지게 만드시는 복된 은혜가 함께 하시기를 소망합니다."

추천사 3

문 광 식 목사
애들레이드장로교회 담임목사

마음으로 존경하는 김선규 목사님의 명예로운 은퇴를 진심으로 축하한다. 많은 성도에게는 섭섭함이 있으시겠지만, 같은 목회를 하는 한 목회자로서 무거운 짐을 주님 앞에 내려놓고 달려온 길을 뒤돌아볼 수 있는 축복도 무척 크다는 것을 알고 있기 때문이다.

목사님을 처음 뵌 것은 1998년경에 잠시 골드코스트장로교회에 시무를 위하여 1년간 머물던 때로 기억한다. 시간을 좀 내어 호주신학교에서 공부하기 위해 들렸던 곳에 전혀 생각지도 않게 한국 목사님께서 교수님으로서 인사를 하셔서 무척 반갑고 놀랐다. 시간적 사정으로 그곳에서 공부를 하지는 못했지만, 만남 그 자체만으로도 깊은 인상을 마음에 남기게 되었다.

그런데 나중에 함께 원주민 사역을 하게 되면서 다시 만나 뵙게 되었고, 브리즈번한인중앙장로교회를 개척하여 많은 열매를 맺고 모범적인 목회를 이어 나가시는 모습을 보고 많은 감동을 받게 되었다. 나 자신이 호주 애들레이드에서 한인교회 목회를 하고 있기에 그 이후로 여러 가지 경험을 나누기도 하고, 주로 많은 영적인 체험에 관하여 들려주셔서 많은 위로와 격려가 되었다.

김 목사님께서는 그리스도 안에서 자유로움이 있었다. 그것은 가식과 위선에 탈피된 자유로움이었고, 말씀을 중심으로 한 기독교의 본질을 분명하게 붙잡고 계시는 '진리를 아는 자유자'로서의 자유로움이었다. 그리고 풍성한 목회의 경험은 많은 후배 목사님에게 선배로서 또는 형님으로서 큰 위로와 따뜻한 격려가 되곤 하였다.

비록 애들레이드와 브리즈번의 거리로 인해 많은 교제를 나누지 못해 아쉬움을 가지고 있지만, 목사님의 살아오신 삶의 흔적과 목회 과정을 통하여 보여 주신 많은 영적인 축복의 역사가 지금도 마음에 다가와 가슴을 뛰게 한다. 아마 그러한 울림은 은퇴하신 후에도 오랫동안 메아리처럼 한인 목회자들과 이민교회 성도님들의 가슴 속에 울려 퍼지게 될 것이다.

앞으로 남은 목회 기간에도 나는 기회가 되는 대로 목사님께 조언을 구할 것이다. 목회의 어려움과 또 기쁨을 편안하게 나눌 수 있는 분이 계시다는 사실만으로도 큰 용기가 된다. 그렇지만 이제 은퇴하셨으니 더 많이 시간을 내주실 것으로 기대한다.

"목사님, 다시 한번 '달려오신 사명의 길'을 영예롭게 마치신 것을 진심으로 축하합니다."

추천사 4

김 동 지 목사
멜번 새순교회 담임목사

사랑하고 존경하는 형님 같은 김선규 목사님은 디아스포라 현장에 희망의 등불과 같은 분이다.

하나님께서는 항상 목사님의 길을 열어 가셨다. 호주신학대학(Australian College Of Ministries, ACOM) 브리즈번 캠퍼스(Brisbane Campus)와 시드니신학대학교에서의 교수 사역과 함께 이민자 교회를 개척하여 섬기며 주님의 발자취를 따라 교회 공동체를 섬길 수 있는 위대한 길을 열어 주셨다.

김 목사님은 상처를 딛고 광야 인생에서 얻은 성품과 영성으로 주의 길을 걸어가신 분이시다. 이민 현장에서 찾아오는 온갖 어려움을 하나님의 능력, 성령의 능력으로 풀어 나가셨다. 특히 젊은 시절에 사업의 실패로 찾게 된 기도원에서의 영성은 훗날 그 어떤 어려움과 목회 현장에 풀어야 할 과제를 기도 목회로 풀어나갈 수 있게 해 주었다. 기도원에서의 영성은 훗날 철저하게 기도 중심의 목회에 큰 발판이 되게 하였다.

김 목사님은 하나님의 부르심에 순종하여 신학과 목회의 길을 걸어가셨다. 매일 밤에 기도하셨고, 때로 사흘간의 단식기도를 30여 차례 하시면서 회개와 성품의 변화 그리고 하나님의 능력을 체험하는 순간순간이었다. 기도를 통하여 하늘 문을 열어 주시는 은혜와 성령의 능력 그리고 치유의 능력을 목회 현장에 적용해 나가셨다. 그래서 목사님과 브리즈번한인중앙장로교회는 영감이 있는 예배, 영적 능력이 풍성한 예배가 되었다.

김 목사님은 이처럼 광야생활에서 체험한 성품의 연단과 기도를 통하여 얻게 된 영성의 은혜와 능력은 상처 난 이민자의 친구요 이웃이 될 수 있는 용연향 향수가 되셨다. 여러 가지 이민자의 사역을 아름다운 예수 향기로 승화시키셨고 즐거운 마음으로 이주민을 도와 이민 정착에 필요한 모든 것에 기꺼이 헌신하셨다.

특히, 워킹홀리데이(Working Holiday)로 온 젊은 청년들에게 아버지와 같이 품고 돌보아 주시는 분이시다. 이처럼 김 목사님은 기쁨으로 돕는 은사를 가지신 분이시다. 또한, 성도들의 아픔을 치유하고자 하나님께 구하였고 그 치유의 능력이 여러 차례 나타났다. 이 모든 것은 성도들을 온전하게 하고, 그리스도의 몸 된 교회를 세워 가기 위한 열심이었다.

김 목사님은 하나님 앞에 결심한 것을 실천하는 목회자이시다. 일상생활 속에서는 항상 기뻐하고 범사에 감사하고, 쉬지 않고 기도하셨다. 그리고 하나님께서 기뻐하시는 예배에 집중하시는 실천적 목회를 잘 감당하시며 교회의 성도를 동역자로 세워 함께 소그룹을 이끌어 가셨고, '커피 브레이크', '어? 성경이 읽어지네!' 등의 소그룹을 활성화하여 교회가 역동적인 전도 공동체가 되게 하셨다.

가족과 함께 시작한 브리즈번한인중앙장로교회는 귀한 목사님의 헌신으로 이루어진 교회이다. 신학자로 철저하게 준비되신 분이셨고, 목회자로 그것도 디아스포라 이민자와 함께 울고 웃고 즐거워하며 행복한 목회를 하실 수 있는 분이었다.

목회자는 은퇴를 앞두고 뒤를 돌아본다. 김 목사님 역시 지나 온 눈물의 흔적, 하나님의 은혜와 능력 그리고 축복의 결실이 김 목사님의 개인과 가정 그리고 교회 공동체에 고스란히 남아 있다. 목회자는 한 생애를 불태웠던 목회를 아들 목사가 호주와 전 세계 흩어진 디아스포라 한인들에게 희망의 등불이 되기를 준비하고 있어 또 하나의 열매를 바라볼 수 있게 되었다.

가족에서 출발한 교회는 어느덧 500명을 훌쩍 뛰어넘는 공동체로 계속 성장하고 있다. 친밀한 친교로부터 출발하고, 불꽃과 같은 말씀 그리고 평신도를 지도자로 세워 중형교회로 나아가게 되었다. 이민교회의 중형교회는 한국 교회의 대형교회와 맞먹을 정도이다. 성장의 장벽을 그때마다 잘 넘기셔서 브리즈번에서 우뚝 선 교회임을 자랑스럽게 생각한다.

귀한 김선규 목사님을 가까이서 또 멀리서 교제하면서 알게 하신 하나님께 감사하며, 그동안 수고하심에 박수를 보내며 존경을 표한다.

"목사님, 수고하셨습니다. 그리고 후배에게 보여 주신 깊은 사랑에 다시 한번 감사드립니다."

성령의 역사

The Power of the Holy Spirit
Written by Moses Sun Gyu KIM
All rights reserved.
Korean Edition Copyright ⓒ 2025 by Christian Literature Center, Seoul, Korea

성령의 역사

2025년 11월 10일 초판 발행

지 은 이 | 김선규

편　　집 | 추미현
디 자 인 | 박성준, 소신애
펴 낸 곳 | (사)기독교문서선교회
등　　록 | 제16-25호(1980. 1. 18.)
주　　소 | 서울특별시 동대문구 천호대로71길 39
전　　화 | 02-586-8761~3(본사) 031-942-8761(영업부)
팩　　스 | 02-523-0131(본사) 031-942-8763(영업부)
이 메 일 | clckor@gmail.com
홈페이지 | www.clcbook.com
송금계좌 | 기업은행 073-000308-04-020 (사)기독교문서선교회
일련번호 | 2025-69

ISBN 978-89-341-2871-7 (03230)

이 책의 출판권은 (사)기독교문서선교회가 소유합니다.
신저작권법에 의하여 한국 내에서 보호받는 저작물이므로 무단 전재와
무단 복제를 금합니다.

성령의 역사

THE POWER OF THE HOLY SPIRIT

김선규 목사 회고록

나의 길을 만드시는 하나님

WAYMAKER

사랑, 희락, 화평, 인내 자비, 양선, 충성, 온유, 절제

CLC

CONTENTS

추천사 1 김 석 동 목사 | 시드니 북부해변장로교회 원로목사   1

추천사 2 윤 명 훈 목사 | 골드코스트 비전장로교회 담임목사   4

추천사 3 문 광 식 목사 | 애들레이드장로교회 담임목사   8

추천사 4 김 동 지 목사 | 멜번 새순교회 담임목사   11

머리말   20

Chapter I 하나님의 인도하심   23

1. 부모님이 예수를 믿게 된 배경   23
2. 광야 인생   27
3. 교회 개척   38
4. 치유의 역사   44
5. 영혼의 전도 여행   48
6. 달아보시는 하나님   51
7. 커피브레이크 소그룹 성경공부와 『어? 성경이 읽어지네』   61

Chapter II 기적의 축복   66

1. 로드 길버트와의 인연   66
2. 석사학위 수여식   69
3. 신학대학 교수로   74

Chapter III 하나님의 음성   79

1. 때리지 마라, 그 놈이 효도할 놈이다   79
2. 그래도 낫지 않으면 나에게 와라   82
3. 네 아들도 주의 종이다   84
4. 왜 내 돈 떼 먹느냐?   86
5. 수고했다   94
6. 운동해라, 뛰어라   96
7. 인간 상을 받지 마라   99
8. 세상이 주는 박사학위 말고 내가 주는 박사학위를 받아라   102
9. 성과를 먹어라   115
10. 내가 네 교회에 500명을 채워 주겠다   122
11. 너를 괴롭게 하는 자를 내가 어떻게 벌하는가 보라   124
12. 좌파니 조심해라   127
13. 내가 있는데 왜 두려워하느냐?   130

Chapter IV 주님 앞에서   134

1. 회개기도   134
2. 단식기도   137
3. 예배 처소를 옮길 때 기도 많이 해야 한다   143
4. 죽음의 슬픔인가, 이별의 슬픔인가?   145

머리말

늦은 나이에 한국에서 신학 학부를 졸업하고 학위를 공부하기 위해 1992년 1월에 호주에 왔다. 박사학위를 받고 한국에서 신학대학 교수가 되는 것이 꿈이었던 나는 계획대로 그 꿈을 이루지는 못했다. 대신 호주신학대학(Australian College Of Ministries, ACOM) 브리즈번 캠퍼스(Brisbane Campus)에서 교수로 3년간 영어로 강의를 했었다. 그리고 호주에서 이민 목회 28년을 하면서 수많은 성령의 역사를 체험했다.

내 계획대로 안 되었던 것들을 뒤돌아보니, 모두 하나님의 인도하심이었다. 목회를 마치며 필자의 목회 경험을 글로 씀으로 혹시 이 글을 읽는 목회자나 성도들에게 영적으로 조금이나마 위로와 도움이 되었으면 한다.

군대를 제대하고 부산의 한 교회에서 중고등부 교사로 봉사할 때, 한 학생이 놀란 표정으로 나에게 달려와서 물었다.

"선생님, 선생님. 목사님이 지금 화장실에 들어가셨어요. 목사님도 화장실을 가시나요?"

이 학생이 생각할 때, 목사는 화장실도 안가는 아주 신성한 존재로 생각했던 것 같다. 아마 목회하는 나를 보면서도 어떤 분은 "아니, 목사가 왜 저런 말을 해? 왜 저렇게 행동해?" 혹은 "목사가 왜 저런 곳에 가 있어?" 하며 실망을 한 분이 분명히 있었을 것이다. 저로 인해 상처받고 실망한 분들에게 죄송하다는 말씀을 드린다.

또한, 그 당시 그 교회에 담임목사님이 술을 마신다는 소문이 파다하게 퍼져 교회가 시끌시끌한 적이 있었다. 그 목사님은 악담에 시달리다가 결국 누가 그런 소문을 퍼뜨렸는지 조사를 했다.

이유인즉 이렇다. 목사님이 어떤 집사님 댁에 심방을 갔는데, 그 집사님이 목사님께 커피를 대접했다. 커피 한 잔을 드시고 나니 그 집사님이 "목사님, 한 잔 더 하세요. 한 잔 더 하세요'라며 권면을 했는데, 이때 어떤 남자 교인 한 분이 그 집을 방문하려고 집 마당에 왔다가 이 소리를 들었다.

"한 잔 더 하세요. 한 잔 더 하세요."

이분은 한 잔을 소주 한 잔으로 생각했던 것이다. 자기가 술을 먹기 때문이다. 그래서 그는 방에 들어가지도 않고, 그 소리만 듣고 슬그머니 그 집을 나와 목사님이 술을 마신다는 소문을 퍼뜨렸다. 그분은 목사님이 술 마시는 것을 두 눈으로 똑똑히 봤다고 거짓말하며 목사님을 음해했다.

  나 역시 목회하면서 어떤 때는 말도 안 되는 소문 때문에 괴로워했던 적이 있다. 목사는 사사건건 속을 보일 수도 없으니 오직 주님만 바라보며 목회를 했다. 나를 판단하고 심판하실 분은 오직 하나님이시기에 억울해도 참고, 모함을 당해도 참고 주님의 십자가만을 바라보며 달려왔다.

  예수님은 얼굴에 침 뱉음을 당하며 십자가를 지셨는데 그래도 나는 내 얼굴에 직접 침을 뱉은 사람은 없으니, 다행이라고 생각한다. 그러니 목회의 모든 순간이 하나님의 은혜였음을 고백한다.

  하나님의 은혜가 아니었으면 어찌 감당할 수 있었을까?

  오직 하나님께서 내 안에 살아 계시니 나의 능력이 아닌 하나님의 능력, 성령의 능력으로 사명을 감당할 수 있었음에 하나님께 감사드린다. 세월이 참 빠르다. 교회를 개척했을 때가 엊그제 같았는데 벌써 은퇴를 하게 되었다. 나의 신학 공부와 목회를 뒷바라지하느라 평생 고생을 한 아내에게 너무 미안하고 감사하게 생각한다.

Chapter I

하나님의 인도하심

1. 부모님이 예수를 믿게 된 배경

에피소드 #1.

나는 '충청남도 논산시(당시 논산군) 연산면 오산리'라는 아주 작은 농촌 마을 논 한 마지기 없는 아주 가난한 부모님 밑에서 태어났다. 어머니는 선도 안 보고 아버지가 양반이라고 해서 시집을 왔는데, 시집온 날, 밥을 하려고 보니 쌀 한 톨이 없었다고 했다.

첫아들을 낳았는데 젖을 못 빨아서 새파랗게 죽어가길래 할 수 없이 점쟁이를 불러다가 푸닥거리를 했지만, 소용이 없어서 아버지는 아기가 죽으면 가마니때기로 둘둘 말아서 뒷산에 묻으려고 가마니때기를 가져왔다고 했다.

그런데 어떤 분이 외성리교회에서 부흥회를 하는데 목사님께 기도를 한번 받아보라고 권하셨다. 그래서 아기를 안고 그 교회에 달려가서 부흥 강사님께 안수 기도를 받았는데 그때부터 아기가 젖을 빨았다. 그래서 교회를 다니기 시작했고 큰형님 덕분에 우리 온 가족이 예수를 믿게 되었다.

나의 아버지는 위로 형님 두 분과 누님 한 분이 계셨는데, 할아버지는 논 몇 마지기 있는 것을 큰아버지에게 주시면서 형제끼리 같이 농사를 지어 먹고 살라고 하셨다.

그런데 아버지는 주일이면 반드시 교회에 가서 예배를 드리셔야 했기 때문에 논이나 밭에서 일하시다가도 교회 갈 시간이 되면 아버지는 집에 오셨다. 그럴 때마다 큰아버지는 삽이나 낫을 들고 집에 오셔서 "지금 논도 매야 하고 밭도 매야 하는데 무슨 교회에 가느냐"라고 하시며 아버지를 혼내곤 하셨다.

제삿날에는 큰아버지 댁에 아버지의 세 형제분이 모여서 제사를 지내곤 했다. 그런데 제사상에 절을 할 때 보니 두 분의 큰아버지는 절을 두 번 하시는데, 나의 아버지는 한 번만 하셨다. 나중에 아버지께 "아버지는 왜 절을 두 번 하지 않고 한 번만 하시냐"라고 여쭈었더니 "나는 한 번 절하면서 주기도문을 외운다"라고 하셨다. 아버지는 제삿날 안 가면 형님들로부터 혼나니 어쩔 수 없이 가셔서 주기도문으로 기도하신 것이다.

에피소드 #2.

내가 살던 동네에 '심 씨'라는 아저씨가 계셨는데, 딸을 열 명 낳았다. 그 당시에는 아들이 아주 중요했다. 아들을 낳으려고 이웃 동네 사는 젊은 여자를 데리고 와서, 아들을 낳으면 쌀을 몇 가마 주기로 하고 그 여인을 맞아들였다.

그날 무당을 불러 아들을 낳게 해달라고 마당에서 깃대를 흔들며 귀신을 부르기도 하고, 또는 작두를 타기도 했다. 집 뒤에서는 본부인이 장독대 위에 물을 퍼 놓고 아들을 낳게 해달라고 연신 절을 하였다. 온 동네 사람들이 그 집에 둘러서서 구경하고 있었다.

어머니는 나의 손을 잡고 같이 구경하러 그 집에 들어갔는데, 무당이 하는 말이 "지금 예수쟁이가 여기에 와서 깃대가 흔들리지 않는다"라고 했다. 어머니와 나는 얼른 그 집을 빠져나왔다. 어린 나이에 나는 '예수님이 과연 힘이 세기는 세구나!'라고 생각했다. 그런데 심 씨 아저씨는 이웃 동네 젊은 여자와 또 딸을 낳았다.

에피소드 #3.

어린 시절 오산리에서 내가 다니던 외성리감리교회를 가기까지 시간이 많이 걸렸다. 어린 나이에 큰 냇가를 건너야 했고, 논길과 둑을 지나 약 한 시간 정도 걸어가야 교회에 도착할 수 있었다. 그리고 그 때는 냇가에 다리가 없어서 비가 많이 오면 교회에 갈 수 없었다.

그 당시 교회에는 강대상을 중심으로 양쪽에 긴 의자가 놓여 있었고 한 가운데에 커튼이 쳐져 있었다. 남자들이 앉는 자리와 여자들이 앉는 자리를 분리하기 위해서이다. 그 당시에는 남자와 여자가 같이 앉아 있으면 안 되던 시절이었다. 남녀칠세부동석이라는 유교문화의 영향이 교회에도 미쳤던 것이다.

나는 아버지가 앉아 있는 곳에 있다가 어머니에게 가고 싶으면 커튼을 젖히고 가곤 했다. 어떤 분은 신사복을 입고 교회에 왔다가 교회 어른들께 쫓겨나기도 했다. 어른들은 교회에 올 때 한복을 입어야 했다. 지금은 이해가 안 되는 일들이다.

고국에 가서 기차나 혹은 고속버스로 여행할 때면 시골 교회들이 보이곤 한다.

> 그러면 '저 교회 목사님과 사모님은 어떤 분일까?
> 성도는 몇 분이나 될까?
> 어떻게 생활하실까?
> 얼마나 고생이 많으실까?'

나는 그 교회들을 위해 기도를 하곤 했다.

2. 광야 인생

군대에서 제대하고 부산에서 사업을 하는 큰형님을 만났다. 그런데 형님이 같이 사업을 하자고 하셨다. 사업하면서 결혼할 때 처갓집에서 준 집 한 채를 팔아먹었다. 처갓집도 잡혀 있었는데, 부도가 나는 바람에 날라갔다. 형님 빚보증으로 밤마다 빚쟁이가 찾아와서 같이 죽자고 난리를 피웠다. 할 수 없이 단칸방 전세금을 빼서 빚 보증금을 갚았다. 갈 곳이 없었다. 길거리에 나앉아야 할 판이었다. 지금 생각하니 망한 것이 하나님의 은혜요 하나님의 인도하심이었다.

할 수 없이 부산 가야동에 있는 옥중기도원 원명자 원장님께 어려운 사정을 이야기하니 기도원에 있는 방에 머물 수 있도록 허락해 주셨다. 이분을 알게 된 동기는 이렇다.

한번은 큰 형수님이 내게 말했다.

"점쟁이 같은 은사자가 있는데 삼촌 한번 가봐."

그래서 같이 교사로 섬기는 친구인 서요나 집사(지금은 목사다)와 함께 그곳을 갔다. 친구 서요나 집사와는 군대를 제대하고 같은 교회에서 만났다. 서 집사도 군대를 막 제대하고 왔기에 친구였다. 그 당시 매주 토요일이 되면 밤에 양산에 있는 감림산기도원에 올라갔다.

감림산기도원에 가기 전에 부산 온천장에 있는 식당에서 삼겹살로 배를 든든히 채운 후, 기도원에 올라가곤 했다. 밤새도록 부르짖어 기도하려면 배가 불러야 했기 때문이다. 감림산 꼭대기에 올라가면 멀리 경부고속도로에 차량들이 바삐 움직이는 불빛이 보인다. 지금 생각하니 아름다운 추억이다.

옛날 부흥강사님들이 이런 말씀을 하시곤 했다.

"능력을 받으려면 산에 올라가서 나무를 뽑아야 한다."

그래서 감림산기도원 산에 올라가 나무를 붙잡고 기도하곤 했다. 혹시 나무가 뽑히거나 부러지면 떨어져도 다치지 않을 장소를 잡았다. 밤새도록 기도하고 주일 아침에 내려와 교회에 가서 교사로 섬겼다. 그 당시는 젊어서 하룻밤쯤 잠을 안 자도 전혀 피곤하지 않았다. 밤새 기도할 때 방언으로 기도하다 보면 몇 시간 기도하는 것은 아무것도 아니었다.

매주 토요일마다 감림산에 올라가서 기도하기를 약 6개월 정도 한 것 같다. 기도 내용은 주로 통변 은사를 달라는 것과 신유의 은사를 달라는 것이다. 사도 바울과 같이 손수건을 병든 사람에게 얹기만 해도 치유되는 능력을 달라고 부르짖어 기도했다(행 19:12). 그 당시는 지금보다 더욱더 뜨겁게 기도했던 것 같다. 이때만 해도 신학 공부를 할 거라고는 생각도 못 했다.

옥중기도원에 오전 열 시쯤 갔는데, 도착한 순서대로 기도 받을 번호표를 나눠주었다. 기도를 받고 나오니 어느새 오후 3시가 훌쩍 넘었다. 강대상 밑에 다다미가 깔려 있었고 흰옷 입은 자그마한 여인이 사람이 온 순서대로 기도해 주고 있었다. 내 차례가 되어서 그분 앞에 누웠는데 나를 위해 방언으로 한참 기도를 하더니 일어나라고 했다.

그리고는 물었다.

"지금 어떤 일을 하세요?"

"사업을 하고 있습니다."

그분이 고개를 가로저으며 말했다.

"이렇게 큰 주의 종이 사업을 하고 있으면 사업이 잘될 것 같습니까? 모세와 같이 영적으로 아주 큰 종입니다. 빨리 신학을 공부하세요."

난감했다. 나는 돈을 많이 버는 장로가 되길 원했다. 그래서 교회를 건축하는데 헌금도 많이 하고, 또 여기저기에 교회 짓기를 원했었다. 내 계획이 수포로 돌아가는 것 같았다.

우리 가족이 거주하게 된 곳은 기도원 강대상 뒤쪽에 있는 햇볕도 전혀 들지 않고, 난방도 되지 않는 반지하에 곰팡이가 서려 있는 방 같지 않은 아주 침침한 방이었다. 아이 둘과 아내와 함께 네 명이서 지내야 했다. 앞이 캄캄했다.

우리는 기도원을 청소하고 아내는 원장님 점심을 거의 매일 준비해야 했다. 장모님은 아내에게 김 서방은 미래가 없으니 이혼하라고 하셨다. 장모님의 심정을 나는 충분히 이해했다.

딸을 나하고 결혼시킨 것을 처갓집에서 얼마나 후회했을까. 재산을 모두 잃은 데다 부잣집 귀한 딸을 혹사 시키고 있으니 어느 부모가 좋아하겠는가. 차라리 이혼을 시켜 장모님이 데리고 사는 것이 훨씬 좋겠다고 생각하셨을지도 모른다.

신학교에 가려면 버스를 두 번 타야 했다. 그러나 돈이 없어 먼 길을 걸어가 버스를 한 번만 타며 오갔다. 아침에 공부하러 신학교에 가면 학교 도서관에서 밤늦게까지 공부하다가 돌아오곤 했다. 학비가 없어 장학금을 받아야 하기에 공부를 게을리할 수 없었다.

아내는 아이 두 명과 씨름하고 또 기도원에서 식사 준비와 청소 등으로 몸이 지칠 대로 지쳐 있었다. 그러나 우리 형편에 어쩔 수 없었다. 다른 무슨 묘책이 없었다.

기도원 이름이 옥중기도원인데 왜 이름을 '옥중'이라고 지었냐고 물으니, 하나님께 갇혀 있어서 '옥중'이라고 기도원 이름을 지었다고 했다. 정말 나는 갇혀 있었다. 요셉이 감옥에 갇혀 있듯이, 나 역시 나의 힘으로 어찌할 수 없는 감옥에 갇혀 있었다.

약 6년 동안 그곳에 갇혀 있었다. 신학 학부를 졸업하고 유학을 가려 하니 원장님이 1,500만 원을 주셨다. 그동안 아내가 고생하며 섬겼더니 주시는 것 같았다. 그곳에 살게 허락해 주신 것 만도 감사했는데 너무 감사했다.

호주로 유학 올 때에는 나 혼자 먼저 왔다. 그리고 약 1년 6개월 후에 가족이 같이 합류했다. 렌트비, 학비, 생활비를 마련하기가 여간 어려운 것이 아니었다. 돈 벌러 다니느라 공부할 시간이 없었다. 렌트비를 내지 못해서 부동산에서 독촉이 여러 번 왔고, 학비는 매달 나누어 내는 것으로 허락을 받았다.

차는 미쓰비시 시그마(Mitsubishi Sigma)를 2,000달러 주고 구매했는데, 19년 된 차였다. 비가 오면 천장에서 녹물이 뚝뚝 떨어졌다. 바닥은 구멍이 나서 흙바람이 쑥쑥 들어온다. 엔진이 마모되어서 60킬로미터 이상 속도를 내면 차가 퍼져서 더 이상 달릴 수가 없었다.

한번은 아는 유학생 엄마가 한국에서 와서 골드코스트에 구경하러 가기로 했다. 아내가 김밥을 정성스럽게 준비

했다. 유학생의 차는 새 차다. 내 차는 60킬로미터 이상을 못 달리니 힘들더라도 내 차를 따라오라고 했다. 그런데 고속도로를 달리다 보니 따라오던 유학생 차가 내 차를 추월해서 달려갔다. 나는 유학생이 내 차를 놓쳤다고 생각했다. 그 당시는 휴대전화도 없던 시절이어서 연락할 길이 없었다. 골드코스트 곳곳을 훑으며 애타게 그분들을 찾았지만, 만날 수가 없었다.

할 수 없이 밤늦게 브리즈번으로 돌아와 혹시나 해서 그 유학생의 집에 갔다. 그랬더니 그들은 벌써 집에 와 있었다. 나는 "나를 놓쳐서 얼마나 당황하셨습니까! 미안합니다" 하고 사과했다. 그랬더니 "차가 너무 느리게 달려서 따라가다가 답답해서 추월하여 우리끼리 골드코스트를 구경하고 왔어요"라고 했다. 씁쓸했다.

아내는 아침부터 벨리 차이나타운에 있는 한인식당에 가서 밤늦게야 돌아왔다. 인두루필리(Indooroopilly)에서 전철을 타고 오갔다. 내가 켄모어(Kenmore)에서 인두루필리까지 차로 데려다주고, 다시 데리고 왔다. 아내가 한 시간 일하면 그 당시 6달러를 받았다. 맥도널드 빅맥세트 메뉴 가격이 6.50달러였다.

점심시간에 일을 하고 저녁 시간까지 휴식 시간이 있어도 집에 올 수가 없었다. 전철 요금을 내야 하기에 그냥 식당 주위에서 맴돌며 시간을 보냈다. 아내에게 염치없고 미안했다. '언제까지 이렇게 살아야 하나' 생각하니 그저 막막했다. 답이 없었다.

매일 매일의 삶이 기도의 삶이었다.
"하나님, 내 맘 아시죠. 내 길 좀 열어 주세요, 하나님, 내 맘 아시죠. 내 길 좀 열어 주세요."
이 기도를 하루에도 수없이 했다. 운전할 때뿐만 아니라 청소하러 갈 때도, 청소하면서도 이 기도가 주문이 되었다. 아무리 어려워도 십일조는 반드시 했다. 십일조를 먼저 떼어 놓았다. 렌트비를 못 내도 십일조만큼은 건드리지 않았다.
그리고 주일예배를 반드시 드렸다. 돈 벌러 가야 한다고 주일예배를 소홀히 하지 않았다. 주일날 일을 해도 예배 후에 일을 하러 갔다. 그리고 끊임없이 기도하는 삶을 살았다. 12년간 광야 생활을 단 몇 글자로 표현한다는 것이 불가능하지만, 광야의 삶에서도 하나님이 함께하심에 감사를 드린다.
〈광야를 지나며〉이 찬양이 꼭 나의 삶을 표현해 주는 것 같다.

왜 나를 깊은 어둠 속에 홀로 두시는지
어두운 밤은 왜 그리 길었는지
나를 고독하게, 나를 낮아지게
세상 어디도 기댈 곳이 없게 하셨네
광야, 광야에 서 있네
주님만 내 도움이 되시고
주님만 내 빛이 되시는
주님만 내 친구 되시는 광야
주님 손 놓고는 단 하루도 살 수 없는 곳
광야, 광야에 서 있네
주께서 나를 사용하시려
나를 더 정결케 하시려
나를 택하여 보내신 그곳 광야
성령이 내 영을 다시 태어나게 하는 곳
광야, 광야에 서 있네
내 자아가 산산이 깨지고 높아지려 했던
내 꿈도 주님 앞에 내어놓고
오직 주님 뜻만 이루어지기를
나를 통해 주님만 드러나시기를
광야를 지나며
- CCM 〈광야를 지나며〉 -

하나님의 도우심으로 석사학위를 마친 후, 하나님의 기적으로 ACOM 신학대학 교수가 되기까지 약 12년이 광야의 인생이었다. 교수가 된 후 학교에서 발급해 준 재직증명서와 연봉 계약서를 가지고 현대자동차 대리점에 가서 쏘나타 승용차를 할부로 구매했다. 꿈만 같았다. 60킬로미터가 아닌 120킬로미터로 달려도 끄덕없었다.

모세는 광야에서 40년 훈련을 받은 후에 하나님으로부터 쓰임을 받았다. 요셉은 종살이 10년, 감옥살이 3년, 총 13년의 밑바닥 인생을 살았다. 그는 밑바닥 인생을 살 때 한 번도 하나님께 불평한 적이 없었다. 자기를 판 형들에게 원한을 갖지 않았다. 심지어 자기를 모함해 감옥에 갇히게 한 보디발의 아내에게도 원한을 갖지 않았다. 어디서나 성실히 맡겨진 일에 최선을 다했다.

다윗 역시 왕으로 기름 부음을 받고 약 15년간 죽느냐 사느냐의 혹독한 훈련을 받았다. 다윗은 주의 종으로 훈련을 받은 것이다. 그의 주옥 같은 시편은 고난 중에 쓴 시들이다.

> 환난 당한 모든 자와 빚진 모든 자와 마음이 원통한 자가 다 그에게로 모였고 그는 그들의 우두머리가 되었는데 그와 함께 한 자가 사백 명가량이었더라(삼상 22:2).

다윗은 사회적으로 소외를 당한 자들과 함께하며 목회를 한 것이다. 다윗은 왕일 뿐만 아니라 주의 종이었다.

한 번은 어떤 권사님이 어떤 사람과 나눈 이야기를 말씀해 주셨다.

"어떤 사람이 와서 김선규 목사가 사기꾼이 아니냐고 물었어요."

"왜요?"

"그가 언제 신학 공부를 했느냐고, 맨날 돈 벌러 다녔는데 어떻게 호주 신학대학 교수가 된 거냐고 했어요. 그래서 김선규 목사는 하나님으로부터 큰 훈련을 받았다고 말해 주었어요."

목회를 하면서 어려운 사람을 보면 눈물이 저절로 나온다. 기도가 저절로 나온다. 내가 어려움을 겪었기에 그 심정을 잘 안다.

용연향이라는 향수가 있다. 향유고래가 오징어를 잡아먹고 소화하지 못해 위에 상처가 나면, 고통 속에서 담즙과 함께 토해내는 것이 있는데 이것이 향수 원료로서 최고의 가치로 인정을 받는다. 상처와 고통 속에서 그 상처를 치유하기 위해 고래 스스로 만들어 내는 물질이 바로 '바다의 로또'라 불리는 용연향이다.

진주 역시 조개의 체내에 들어온 이물질 때문에 상처가 나고 고통스러울 때 그 상처를 치유하기 위해 어떤 유기체를 만들어 이물질을 감싼다. 그것이 결국 값비싼 보석이 되는 것이다.

우리 인생도 살다 보면 상처와 고통으로 몸부림칠 때가 있다. 그러나 우리의 상처와 고통을 어떻게 대처하는가에 따라 우리 인생이 달라진다. 어떤 사람은 상처와 고통으로 인해 인생을 포기하는 사람도 있다.

그러나 하나님을 믿는 우리는 상처와 고통 속에서도 하나님이 함께하심으로 인해 세상에 향기나는 인물이 된 사람이 많이 있다. 상처는 분명 아프고 고통스러운 것이지만, 상처에 대해 어떻게 반응하는가에 따라서 우리 인생이 달라지는 것이다.

지금까지 겪어온 아픔, 상처 … 이것을 어떻게 신앙적으로 반응하는가에 따라 그리고 그 상처와 고통 속에서 하나님이 어떻게 역사하시는가에 따라서 우리의 인생이 하나님뿐만 아니라 세상에서도 크게 쓰임 받는 인물이 되느냐 아니냐로 판가름 난다.

예수님은 고통 속에서 그리고 고난 속에서 십자가를 지라는 하나님 말씀에 순종함으로써 모든 인류를 죄에서 구원하셨을 뿐만 아니라 모든 인류가 예수 이름 앞에 무릎을

끓게 되었다.

3. 교회 개척

1997년 7월 교회 개척 당시 인간적으로는 앞이 캄캄했다. 성도가 한 명도 없었다. 아내와 아들과 딸 그리고 나, 이렇게 네 명이 가정에서 예배를 시작했다. 이때 어머니가 한국에서 오셔서 같이 예배를 드렸다. 가정에서 예배를 드리다가 신학대학교 예배실(chapel hall)에서 예배를 드리기 시작했다. 매일 새벽마다 예배실에 가서 이렇게 기도했다.

"하나님, 20명만 보내 주세요. 하나님, 20명만 보내 주세요."

성도가 20명만 되어도 참 좋을 것 같았다.

교회를 시작하면서 나에게는 세 가지 결심이 있었다. 하나는 아무리 성도가 없어도 하나님께서 받으시는 예배를 드리겠다는 다짐이었다. 주님이 분명하게 말씀하셨기 때문이다.

> 두세 사람이 내 이름으로 모인 곳에는 나도 그들 중에 있느니라 (마 18:20).

Chapter I 하나님의 인도하심　39

아무리 적은 인원이 예배드려도 주님이 함께하신다면 이보다 더 큰 기쁨이 있겠는가?

아벨과 같이 하나님이 받으시는 예배를 드리려고 했다.

솔로몬이 하나님께 일천 번제를 드렸다. 얼마나 정성을 다해 드렸든지 하나님께서 그 제사를 받으시고 축복의 말씀을 하신다.

> 기브온에서 밤에 여호와께서 솔로몬의 꿈에 나타나시니라 하나님이 이르시되 내가 네게 무엇을 줄꼬 너는 구하라(왕상 3:5).

나는 솔로몬처럼 하나님이 받으시는 예배드리기를 원했다. 또 하나는 다른 교회에 다니는 성도는 절대로 데려오지 않는다는 원칙을 세웠다. 다른 교회 다니는 분들이 우리 교회로 오면 나는 좋을지 모르지만, 그 교회 목사님이 얼마나 마음이 아플까를 먼저 생각했다.

그래서 교회 개척하기 전에 약 6개월 동안 호주 교회를 다녔다. 만약에 바로 개척하면 내가 출석하던 교회 성도가 따라오면 안 된다고 생각했기 때문이다. 교회 개척 후 어떤 분이 우리 교회로 오겠다고 전화가 왔다. 그래서 그 교회 담임목사님께 허락받고 오라고 했다. 당연히 그분은 오지 않았다.

한번은 시드니 어느 골프장에서 골프를 치는데 까마귀가 내 공을 물고 갔다. 그 까마귀를 뒤쫓아 갔더니 둥지 안에 5-6개의 공을 까마귀가 품고 있었다. 까마귀는 공을 자기 알로 착각했던 것이다. 품으면 부화가 될 줄 알았던 모양이다. 여기서 깨달음이 컸다. 내 양이 아니면 아무리 품어봤자 부화가 되지 않는다는 것을. 그래서 개척해서 얼마 동안은 다른 교회에서 왔다면 못 오게 했다.

그런데 교회가 어느 정도 커졌을 때 새신자 담당하는 성도가 나에게 건의했다. 다른 교회에서 오는 성도를 받지 않고 내보내면 많은 분이 그 교회로 가지 않고, 또 다른 교회로도 가지 않기에 완전히 하나님을 떠난다는 것이다. 그래서 다른 교회에서 오는 분을 오지 말라고 하지 않았으면 좋겠다는 건의를 받아들였다.

마지막 세 번째는 데살로니가전서 5장 16-18절 말씀을 나의 삶과 목회의 좌우명 말씀으로 삼았다.

> 항상 기뻐하라 쉬지 말고 기도하라 범사에 감사하라 이것이 그리스도 예수 안에서 너희를 향하신 하나님의 뜻이니라(살전 5:16-18).

이 말씀대로 순종하기 위해 몸부림쳤다. 예수를 믿기에 기뻐하고, 예수를 믿기에 범사에 감사해야 한다는 것은 누구나 아는 이야기이다. 그러나 이것을 실제 삶에서 실천한다는 것은 보통 어려운 일이 아니다.

힘들고 어렵고 고난 속에서 기뻐하고 감사하기란 성령의 힘이 아니고서는 불가능한 일이다. 힘들 때면 항상 이 말씀을 마음에 새기곤 했다. 고통 중에 넘어지면 이 말씀을 붙잡고 다시 일어섰다. 나는 사도 바울의 마음을 이해하게 되었다.

> 근심하는 자 같으나 항상 기뻐하고 가난한 자 같으나 많은 사람을 부요하게 하고 아무것도 없는 자 같으나 모든 것을 가진 자로다 (고후 6:10).

나의 삶은 사실 기도의 삶이었다. 기도는 하나님 앞에 무릎을 꿇는 것이고 고개를 숙이는 것이다. 매일 밤 11시 그리고 새벽 1시에 기도하기를 몇십 년째 하고 있다. 그리고 3일 간의 단식기도를 수도 없이 많이 했다.

나의 삶과 목회는 내 힘으로, 내 능력으로 안 된다는 것을 알기 때문이다. 성령의 역사가 아니고서는 내 삶도, 목회도 불가능한 일이다.

개척 초기 전도지를 들고 영어 학교로 때로는 시내로 나갔다. 그런데 한번은 시내에서 전도지를 돌리는데, 얼마 떨어지지 않은 곳에서 다른 교회 성도들이 전도하면서 말했다.

"우리 교회로 오세요. 우리 교회가 좋아요."

가만히 생각하니 맞는 말이었다. 그 교회는 꽤 사람이 모이는 교회이고, 내가 시작한 교회는 성도 한 명 없는 교회이니 분명 우리 교회는 좋은 교회가 아니었다. 성도가 없는데, 어떻게 좋은 교회라 할 수 있겠는가. 그래서 그날 어깨가 축 처진 채 집으로 돌아왔다. 그리고 그저 기도만 했다.

"하나님, 이십 명만 보내 주세요. 하나님, 이십 명만 보내 주세요."

그런데 인간 생각으로는 불가능한 일이 벌어졌다. 하나님께서 여기저기서 사람들을 교회로 보내 주신 것이다. 개척하고 약 1년이 되었을 때 하나님께서 100여 명을 보내 주셨다. 교회가 켄모어(Kenmore) 외곽 지역에 있었는데 말이다. 성령의 역사다.

개척 초창기 우리 교회에 와서 나에게 큰 힘이 되어 주셨던 분이 너무 많다. 워킹홀리데이(Working Holiday)로 온 청년들, 유학 온 청년들 그리고 자녀 교육을 위해 오신 분들 등. 그분들의 이름을 모두 열거할 수 없지만, 지금도 가끔 그분들과 그분들의 가족을 위해 기도하곤 한다.

교회학교도, 중고등부도 없는 교회에 자녀를 데리고 와서 나에게 용기를 주셨던 분들이다. 그냥 와서 앉아만 주셔도 감사한데 교사로, 성가대로 봉사해 주신 그분들에게 하나님께서 복에 복을 더해 주시길 기도하고 또 기도한다.

어떤 후배 목사들을 보면 대부분 자기가 섬기던 교회에서 교인들을 데리고 나와서 개척하는 경우가 많다. 나는 옳지 않다고 생각한다. 그런 성도들은 끝까지 그 교회에 안착하지 않기 때문이다. 처음에는 좋다고 따라 나설지 모르지만, 결국에는 정착하지 못하고 교회를 떠나는 경우를 여러 번 보아왔다. 영적으로 보면, 그들은 내 양이 아니다. 마치 부화되지 못할 사람을 내 양인 양 품고 있는 것과 같다.

교회 개척 당시, 나와 아내는 하나님께서 왜 우리를 호주에 살게 해 주셨는지에 대해 생각해 보았다.

하나님의 뜻이 어디에 있을까?

결론은 호주에 사는 한인들을 힘껏 돕기로 했다. 새로 호주에 오는 분들의 정착을 도와드렸다(공항 픽업, 집 렌트, 가구 및 승용차 구입, 자녀 학교 입학 등등). 무료로 도와드렸다. 임시로 집을 얻을 동안 우리 집에 같이 살았다. 무료로 숙식을 제공해 드렸다. 어떤 가족은 집을 얻지 못해 4주 동안이나 우리 집에 같이 머문 적이 있었다.

특히, 워킹홀리데이로 온 청년들은 우리 집 거실에서 몇 날 며칠이고 함께 지내기가 일쑤였고, 일부 청년이 농장으로 가면 또 다른 청년들이 집에 들어왔다. 이들에게 식사를 대접해야 했기에 아내 몸이 망가졌다. 결국 아내는 허리 수술을 했고, 양쪽 어깨 수술도 다 했다.

그 고통을 누가 알겠는가?

돈을 버는 목적이었다면 당장 그만 두었을 것이다. 그러나 사명이라고 생각하니 중단할 수 없었다.

사도 바울의 고백이 생각난다.

> 나는 선한 싸움을 싸우고 나의 달려갈 길을 마치고 믿음을 지켰으니 이제 후로는 나를 위하여 의의 면류관이 예비되었으므로 주 곧 의로우신 재판장이 그날에 내게 주실 것이며 내게만 아니라 주의 나타나심을 사모하는 모든 자에게도니라(딤후 4:7-8).

4. 치유의 역사

내가 목회하면서 갖게 된 소원 중 하나가 우리 교회 성도님들의 질병과 아픔, 고통이 치유되는 것이다. 성도님들이 나에게 기도해 달라고 부탁하는 것 중에 가장 큰 비중을 차지하는 것이 건강이다.

예수님의 사역이 단순히 성경을 가르치고 설교하는데 그치지 아니했다. 모든 질병을 치료하셨기에 이방 나라 시리

아에서도 사람들이 주님께로 몰려왔다. 의술이 발달되지 않았던 예수님 시대나 오늘날처럼 의술이 발달한 시대나 병을 치료받는다는 것이 인간의 최대 관심사다.

수많은 사람이 예수님을 따르게 된 것은 어떤 면에서는 주님이 베푸신 기적 때문이다. 주님이 새롭게 해석하고 가르치신 말씀이나 진리는 신선하고 충격적인 것이었지만, 그것만으로는 결코 이방인들을 주님께로 교회로 나오게 하기는 어려웠을 것이다. 하나님의 말씀이 살아서 역사하는 모습들은 바로 기적적인 치유이다.

에피소드 #1.

한번은 설교 중에 치유의 역사가 일어난 적이 있었다. 우리 교회 황용 집사님은 공황장애를 앓고 있었는데, 설교 중에 눈물이 쏟아지면서 두려움이 싹 없어지는 체험을 한 것이다.

> 여드레를 지나서 제자들이 다시 집 안에 있을 때에 도마도 함께 있고 문들이 닫혔는데 예수께서 오사 가운데 서서 이르시되 너희에게 평강이 있을지어다(요 20:26).

그때 황용 집사님은 "주님이 부활하셔서 오신 목적 중의 하나가 바로 우리에게 평강을 주시기 위해서라는 설교를 듣는 순간, 불안, 초조, 두려움에 사로잡혀 있던 마음이 깨끗이 사라지며 눈물이 그렇게 나오더라"고 말했다. 말씀을 듣던 중에 하나님의 치유 역사를 경험한 것이다. 황 집사님은 지금도 나에게 고마워한다.

또 한번은 국립공주대학교에서 교환교수로 오신 이원국 장로님과 부인인 윤소영 권사님이 어느 날 오전에 우리 집 문을 두드리셨다. 이유인즉, 윤 권사님이 집안일을 하다가 허리를 다쳐서 기도를 부탁하러 오신 것이다.

"허리를 다쳤으면 병원을 가셔야지요."

내가 이렇게 말씀드리자, 장로님이 대답하셨다.

"목사님이 기도해 주시면 낫습니다. 얼른 기도해 주세요."

권사님의 허리에 손을 대고 기도하는데 불꽃이 허리에 확 빨려 들어가는 환상을 보여 주셨다. 기도 후, 권사님은 허리가 나았다며 아주 좋아하셨다. 주님께서 "네 믿음대로 될지어다"라고 하셨는데 내 능력이 아닌 두 분의 믿음, 즉 '기도를 받으면 나을 것이다!'라는 믿음이 병을 고치신 것이다.

에피소드 #2.

우리 교회에 출석하는 한 여 집사님이 매우 심각한 강박 증세를 보였다. 나는 이 증상이 단순한 심리적 문제를 넘어 영적인 병으로 보였다. 식당에 가면 음식을 전혀 먹지 못하였다. 음식이 깨끗하지 않다는 것이다. 집에서도 설거지하면 한번 해서는 안 되었다. 깨끗한 물로 그릇을 씻고, 또 씻고 보통 병적인 것이 아니었다. 하루 종일 씻은 그릇을 씻고, 또 씻고 했다. 남편 되시는 집사님과 여 집사님 친척 되시는 분이 나에게 찾아와 제발 병을 고쳐 달라고 사정하셨다. 큰일이었다.

나는 '능력도 없는데 왜 나에게 부탁하나 …' 싶었지만, 할 수 없이 아내와 매일 저녁 그 집에 가서 예배를 드리고 기도를 했다.

한 일주일쯤 되었을 때 머리에 손을 얹고 기도하는데 여 집사가 그냥 푹 쓰러지더니 입에서 거품을 뿜어냈다. 잠시 더 누워있게 하고 계속 기도를 했다. 그러고 나니 병이 나았다며 너무 좋아했다. 그래서 그 마귀가 다시 들어오지 못하도록 열심히 기도하라고 조언했다.

예수님은 말씀하신다.

> 더러운 귀신이 사람에게서 나갔을 때에 물 없는 곳으로 다니며 쉬기를 구하되 쉴 곳을 얻지 못하고 이에 이르되 내가 나온 내 집으로 돌아가리라 하고 와 보니 그 집이 비고 청소되고 수리되었거늘 이에 가서 저보다 더 악한 귀신 일곱을 데리고 들어가서 거하니 그 사람의 나중 형편이 전보다 더욱 심하게 되느니라(마 12:43-45).

우리는 항상 마귀가 얼씬 못 하도록 기도로 무장해야 한다. 그렇지 않으면 예전보다 더 심하게 몸이 안 좋을 수 있다.

누가복음 17장에 보면 예수님은 나병환자 열 명을 고쳐 주셨다. 그런데 그중 한 사람만이 하나님께 영광을 돌리고 예수님께 감사했다. 나머지 아홉 명은 예수님께 나오지 않았다. 마음으로는 감사했을지 모르나 행동으로는 감사를 표현하지 않았다.

감사하러 오지 않은 이유 중의 하나는, 자신이 나병에 걸렸었다는 것을 다른 사람들에게 감추고 싶어서 그럴 수도 있다. 치료받고도 감사가 없는 사람 대부분 자기가 예전에 이런저런 병에 걸렸었다는 것을 사람들이 아는 것에 대해 부담을 느끼기 때문이다. 사람들은 모르겠지만, 주님은 모든 것을 다 아신다.

5. 영혼의 전도 여행

가끔 밤에 잠을 자려고 누우면, 몸은 누워 있는데 내 몸에서 영혼이 빠져나가 어디론가 쏜살같이 날아간다. 아마 총알보다도 더 빠를 것이다. 정말 스릴이 있다. 어느 동네를 한 바퀴 휙 돈다. 순간 '떨어지면 어떻게 하나'라는 생각이 들 때도 있다. 그리고 다시 제자리로 온다. 걸린 시간은 아마 몇 초에 불과하다. 그곳이 호주인지, 한국인지, 북한인지, 중동 지역인지, 미국인지 나는 모른다. 그곳에 전도할 자가 있다는 것만 영적으로 느낀다.

어느 동네에 구원받을 사람이 있으면 주님이 내 영을 사용하여 전도하시는 것이다.

바울은 디모데에게 권면한다.

> 너는 말씀을 전파하라 때를 얻든지 못 얻든지 항상 힘쓰라 범사에 오래 참음과 가르침으로 경책하며 경계하며 권하라(딤후 4:2).

그리고 예수님은 당부하셨다.

> 너희는 온 천하에 다니며 만민에게 복음을 전파하라(막 16:15).

복음을 전할 때 복음을 쉽게 받아들이는 사람이 있지만, 어떤 사람은 절대로 받아들이지 않는다. 주님께서 미리 택하신 사람들은 쉽게 복음을 받아들인다. 주님은 하늘에서, 우리는 땅에서 복음을 전한다.

우리가 복음을 전파한다고 하지만, 실제로는 주님이 모든 것을 주관하신다. 심지어 십자가에 돌아가셨던 사흘 동안도 주님은 육체로는 죽으셨지만, 영으로는 살아서 옥에 있는 영들에게 복음을 전파하셨다. 그들은 노아 방주 때 물로 심판받아 지옥에 간 영들이었다(벧전 3:19-20). 주님은 그 뜨거운 지옥에까지 전도하러 가셨다.

베드로가 욥바에서 환상을 보았다.

> 하늘이 열리며 한 그릇이 내려오는 것을 보니 큰 보자기 같고 네 귀를 매어 땅에 드리웠더라 그 안에는 땅에 있는 각종 네 발 가진 짐승과 기는 것과 공중에 나는 것들이 있더라 또 소리가 있으되 베드로야 일어나 잡아먹어라 하거늘 베드로가 이르되 주여 그럴 수 없나이다. 속되고 깨끗하지 아니한 것을 내가 결코 먹지 아니하였나이다 한대 또 두 번째 소리가 있으되 하나님께서 깨끗하게 하신 것을 네가 속되다 하지 말라 하더라 이런 일이 세 번 있은 후 그 그릇이 곧 하늘로 올려져 가니라(행 10:11-16).

보자기 안에 있는 짐승은 사람들의 성격을 비유로 말씀하신 것이며 바로 우리가 전도할 사람들이자, 동시에 이미 전도되어 지금 교회 안에 있는 사람들이다.

"네 발 가진 짐승"은 개, 소, 곰, 여우, 늑대, 돼지 등이며 "기는 것"은 바로 뱀이다.

뱀이 얼마나 징그러운가?

또한, "공중에 나는 것"은 독수리와 같은 새이다.

독수리가 얼마나 지독한가?

개와 같은 사람도, 뱀 같이 징그러운 사람도, 독수리같이 지독한 사람도 하나님께서 깨끗하게 하셨다는 것이다. 그러므로 이런 사람들도 전도를 하라는 것이다. 이런 사람이 모여 있는 곳이 바로 교회다. 그러므로 때로는 세상 사람들로부터 교인들의 잘못된 행태에 대해 욕을 먹는 것도 당연하다.

흠 많고 죄 많은 우리를 십자가의 피로 깨끗하게 하셨으니 얼마나 감사한 일인가?

사도 바울은 이렇게 고백한다.

> 내가 복음을 전할지라도 자랑할 것이 없음은 내가 부득불 할 일임이라 만일 복음을 전하지 아니하면 내게 화가 있을 것이로다(고전 9:16).

6. 달아보시는 하나님

목회하면서 매년 12월이 되면 긴장하고 또 긴장한다. 왜냐하면 나의 목회와 삶에 대해 하나님께서 점수를 매기시는 장면을 꿈으로 보여 주시곤 했기 때문이다. 어떤 부분은 합격이지만, 어떤 항목은 합격 점수를 주지 않으신다. 그냥 '틱' 그어 버리신다. 하나님의 판단은 정확하기에 내가 변명할 수도 없다. 항의할 수도 없다. 모든 사람의 신앙생활뿐만 아니라 삶에 대하여 하나님이 점수를 매기신다는 것을 분명히 알아야 한다.

다니엘 5장은 벨사살왕이 잔치를 벌이는 장면으로 시작된다. 그러나 이렇게 시작된 5장은 그가 죽임을 당하고 메대와 바사로부터 나라가 멸망하는 것으로 끝맺는다. 이런 일은 여러 날에 걸쳐 일어난 것이 아니라 단 하루 만에 이루어졌다. 참으로 놀라운 일이다.

아무렇지도 않게 즐겁게 잔치하면서 술과 쾌락을 누리던 벨사살왕은 순식간에 멸망했다. 그의 모습은 우리에게 많은 것을 시사한다.

세상 사람들은 예나 지금이나 벨사살왕이 서 있던 자리를 부러워하며, 그가 누리던 쾌락을 동경하고, 그가 섬기던 헛된 것들을 따라 섬긴다. 그러나 오직 믿음으로 살기를 작

정한 우리는 하나님을 경외하며, 다니엘처럼 세상 것에 연연하지 말고 흔들림 없이 하나님 말씀의 터 위에 뜻을 정하며 살아야 한다.

다니엘 5장 25절을 보면, 왕궁 벽면에 "메네 메네 데겔 우바르신"이라는 문자가 기록되었다. 이 문자는 한마디로 말해서 벨사살왕의 죽음과 바벨론 제국을 향한 멸망 심판 선언이다.

26절은 "메네"에 대한 해석이다. '하나님이 이미 왕의 나라의 시대를 세어서 그것을 끝나게 하셨다'라는 뜻이다. 벨사살왕의 날 수와 바벨론의 날 수는 하나님에 의해 계수되었다.

이는 모든 나라와 모든 개인이 동일하다. 하나님은 모든 나라와 모든 개인에 대하여 그 날 수를 정하시고 세고 계신다는 의미이다.

욥은 인생에 대하여 고백하기를 하나님께서 "그의 날을 정하셨고 그의 달 수도 주께 있으므로 그의 규례를 정하여 넘어가지 못하게 하셨다"(욥 14:5)고 했다. 이를 통하여 알 수 있듯이 하나님은 세상 나라와 각 개인의 날 수를 정하시고 그 날을 세고 계신다. 그리고 그 날이 다하였을 때, 나라이든, 개인이든 상관없이 다 그 끝을 맞이하게 된다.

그런데 우리가 알아야 할 중요한 사실은 하나님은 각 나라와 개인의 날 수를 정하시지만, 그러한 날 수는 나라와 개인의 행위에 따라 늘어날 수도 있고, 줄어들 수도 있다는 것이다. 다윗은 시편 55편 23절 하반절에서 이렇게 말한다.

> 피를 흘리게 하며 속이는 자들은 그들의 날이 반도 살지 못할 것이다 (시 55:23).

이러한 다윗의 고백은 분명 개인의 날 수가 변경이 가능하다는 것을 보여 준다. 실제로 히스기야왕은 하나님께 그 의로움을 인정받아 하나님께 기도하였을 때 그에게 정해진 날 수보다 무려 15년이나 더 살았다(사 38:5).

이는 나라도 마찬가지다. 요나는 하나님의 명을 받고 니느웨로 가서 선포하기를 사십 일이 지나면 니느웨가 망할 것이라고 하였다(욘 3:4). 그러나 니느웨는 요나가 심판을 선포하였을 때 회개함으로 말미암아 그 기한을 약 150년이나 연장받았다. 이렇게 각 나라와 개인의 날 수는 하나님의 뜻에 따라 언제든지 변경이 가능하다.

하나님은 각 나라와 개인의 날 수를 정하시고 그 날 수를 세고 계실 뿐만 아니라 각 나라와 개인의 행위에 따라 그 날 수를 줄이기도 하시고 늘이기도 하신다. 특히, 하나님은 타락한 나라나 개인에 대해서는 그 날 수를 줄이신다. 한마디로 사람이 제명대로 살지 못하는 것이다.

다윗은 이렇게 고백한다.

> 여호와여 나의 종말과 연한이 언제까지인지 알게 하사 내가 나의 연약함을 알게 하소서 주께서 나의 날을 한 뼘 길이만큼 되게 하시매 나의 일생이 주 앞에는 없는 것 같사오니 사람은 그가 든든히 서 있는 때에도 진실로 모두가 허사뿐이니이다(시 39:4-5).

또한, 하나님은 우리도 저울에 달아보신다. 27절에 보면, "데겔"이란 '왕을 저울에 달아보니 부족함이 보였다'고 다니엘은 해석한다. 벨사살왕에 대한 하나님의 심판은 벨사살왕의 삶과 그의 행위를 다 일일이 달아보신 후에 그의 삶과 행위가 하나님의 기준에 부족하였기에 심판을 단행하신 것이다.

이는 단지 벨사살왕에게만 해당하는 것이 아니다. 우리 모두에게 해당하는 말씀이다. 하나님께서는 모든 사람의 행위와 삶을 모두 하나님의 저울에 달아보시고, 그에 합당한 판결을 내리신다.

저울은 어떤 한 물건을 올려놓았을 때, 그 무게를 정확하게 알게 해 준다. 올려놓기만 하면 즉시 그 무게가 드러난다. 키가 크고 덩치가 크면 반드시 세상 저울은 무게가 많이 나간다.

그러나 하나님이 다시는 저울은 키가 크다 하여 무게가 많이 나가고, 덩치가 크다 하여 무게가 많이 나가는 것이 아니다. 키가 크고 덩치가 큰 사람도 그의 삶이 하나님 보시기에 합당한 삶이 아니라면, 그 사람은 가벼운 것으로 판명될 것이다. 그러나 키가 작고 덩치가 작아도 그의 삶이 하나님 보시기에 합당한 삶이라면, 무게가 많이 나갈 것이다.

하나님이 사람을 심판하실 때 저울이라는 이미지를 사용하시는 것은 하나님이 심판을 내리시기 이전에 이미 사람의 모든 행사를 다 아신다는 것을 의미한다. 하나님의 저울은 어떤 위선이나 가식, 거짓으로도 속일 수 없다. 모든 사람이 하나님 심판의 저울에 서기만 하면 그 사람의 진실이 그대로 나타난다. 하나님의 공의에 따라 사람의 무게가 나타난다.

사람은 알곡과 그와 비슷한 쭉정이를 잘 구분을 못 한다. 그러나 하나님은 정확하게 구분하신다.

그렇다면 나는 하나님의 저울에 올려졌을 때, 하나님께 합당한 사람이라고 생각하는가, 아니면 벨사살왕처럼 부족함이 나타나는 사람이라고 생각하는가?

부족함이 나타날 것이라고 생각한다면 우리는 빨리 회개해야 하지 않은가?

한나는 이렇게 고백한다.

> 심히 교만한 말을 다시 하지 말 것이며 오만한 말을 너희의 입에서 내지 말지어다 여호와는 지식의 하나님이시라 행동을 달아보시느니라 (삼상 2:3).

여러분이 교만하다면 일단 저울은 부족함을 나타낸다. 벨사살왕도 교만해서 안하무인이었다. 하나님 성전의 그릇에다 술을 퍼서 마셨다. 우상을 섬기고 찬양했지만, 하나님께는 찬양과 영광을 돌리지 아니했다.

잠언 24장 12절은 이렇게 말씀한다.

> 네가 말하기를 나는 그것을 알지 못하였노라 할지라도 마음을 저울질하시는 이가 어찌 통찰하지 못하시겠으며 네 영혼을 지키시는 이가 어찌 알지 못하시겠느냐 그가 각 사람의 행위대로 보응하시리라 (잠 24:12).

벨사살왕의 할아버지인 느부갓네살왕은 하나님을 제대로 알지 못했지만, 다니엘의 해몽과 풀무 불 속에서 사드락과 메삭과 아벳느고를 구원한 사건을 경험하면서 하나님께서 얼마나 깊고 오묘하신 분인지, 얼마나 지혜롭고 능하신 분인지를 몸소 깨달아 알게 되었다. 그래서 조서까지 내려 함부로 하나님을 경멸하는 일을 금했다.

> 그러므로 내가 이제 조서를 내리노니 각 백성과 각 나라와 각 언어를 말하는 자가 모두 사드락과 메삭과 아벳느고의 하나님께 경솔히 말하거든 그 몸을 쪼개고 그 집을 거름 터로 삼을 지니 이는 이같이 사람을 구원할 다른 신이 없음이니라(단 3:29).

그런데 손자인 벨사살왕은 할아버지의 조서를 무시했다. 그래서 조서에서 언급된 저주와 심판의 경고가 그대로 벨사살왕에게 임한 것이다. 하나님을 경멸하는 자들에게는 하나님의 심판이 곳곳에서 일어났다. 이스라엘 백성을 해방시킬 것을 몇 번이나 명령했지만, 그 하나님의 말씀을 멸시한 애굽의 바로왕도 똑같이 당했다.

> 바로가 이르되 여호와가 누구이기에 내가 그의 목소리를 듣고 이스라엘을 보내겠느냐 나는 여호와를 알지 못하니 이스라엘을 보내지 아니하리라(출 5:2).

이렇게 말하며 하나님을 대적한 그의 군대는 홍해에 수장되고 말았다.

하나님의 제사장이면서도 하나님께 드리는 제사를 멸시하며 온갖 불경하고 사악한 일을 자행한 엘리의 두 아들 홉니와 비느하스도 그랬으며, 자기 군대의 힘만 믿고 이스라엘의 하나님을 모독하고 멸시한 앗수르 왕 산헤립도 비참한 결말을 맞이했다.

이를 통해 우리는 하나님을 경홀히 여기며 그 이름을 멸시하는 것, 그 영광을 우습게 여기는 것이 얼마나 처절한 결과를 만들어 내는 것인지를 절실하게 인식해야 한다.

우리는 모두 하나님의 권능과 영광을 알아야 하며, 이를 바로 안다면 결코 하나님께 망령된 말과 행동을 해서는 안 된다.

레위기 24장 16절에서 이렇게 말씀하신다.

> 여호와의 이름을 모독하면 그를 반드시 죽일지니 온 회중이 돌로 그를 칠 것이니라 거류민이든지 본토인이든지 여호와의 이름을 모독하면 그를 죽일지니라(레 24:16).

사사기 6장 13절에 보면 기드온이 이렇게 말한다.

> 오 나의 주여 여호와께서 우리와 함께 계시면 어찌하여 이 모든 일이 우리에게 일어났나이까(삿 6:13).

때로는 우리가 기드온처럼 하나님께 하소연할 때가 있다. 힘들고 고난이 찾아올 때, 마치 하나님께서 우리의 사정을 전혀 모르고 계시는 것처럼 느껴질 때도 있다. 그러나 이는 잘못된 생각이다. 하나님은 모든 것을 다 알고 계신다.

다윗은 이렇게 아들 솔로몬에게 유언적 권고를 한다.

> 내 아들 솔로몬아 너는 네 아버지의 하나님을 알고 온전한 마음과 기쁜 뜻으로 섬길지어다 여호와께서는 모든 마음을 감찰하사 모든 의도를 아시나니 네가 만일 그를 찾으면 만날 것이요 만일 네가 그를 버리면 그가 너를 영원히 버리시리라(대상 28:9).

다니엘은 이렇게 하나님을 찬양한다.

> 그는 깊고 은밀한 일을 나타내시고 어두운 데에 있는 것을 아시며 또 빛이 그와 함께 있도다(단 2:22).

한마디로 하나님은 모르는 것이 없으신 분이시다.

그렇다면 왜 우리는 하나님께서 우리의 속사정을 전혀 모르고 계신 것처럼 느끼는 것일까?

그것은 우리의 믿음이 부족하기 때문이다. 우리가 믿음이 부족하면 하나님에 대한 아주 작은 것조차도 오해하게 된다. 우리는 확실한 믿음을 갖고 하나님 앞에 교만과 오만이 아니라 절대적으로 겸손해야 한다.

이사야 66장 2절은 이렇게 말씀하신다.

> 나 여호와가 말하노라 내 손이 이 모든 것을 지었으므로 그들이 생겼느니라 무릇 마음이 가난하고 심령에 통회하며 내 말을 듣고 떠는 자 그 사람은 내가 돌보려니와(사 66:2).

우리는 모두 하나님 앞에 겸손해야 한다. 심령에 통회하며 하나님의 말씀에 대해 두려워하는 마음을 가져야 한다. 겸손한 자를 하나님이 돌보신다고 말씀하신다.

이렇게 겸손할 때 우리의 무게는 하나님을 기쁘시게 하는 무게가 될 것이다. 하나님은 우리 육체의 몸무게를 다시는 것이 아니라 우리 마음을 달아보신다. 우리의 중심을 살피시는 분이시다. 우리 모두의 무게가 하나님 앞에 부족함이 없어야 한다.

나는 하나님의 저울에 얼마나 나갈까?

한번 자신을 돌아보자.

7. 커피브레이크 소그룹 성경공부와 『어? 성경이 읽어지네!』

목회하면서 많은 성경공부 교재를 사용하였다. 그러다 보니 더 이상 성경공부 교재가 없어서 교단에서 사용하는 공과를 사용하기도 했다. 그런데 한국과 여기 호주는 계절이 맞지 않아 공과를 사용하는 데 어려움이 있었다. '내년 초부터 어떤 교재로 성경공부를 해야 할지' 연말이 되면 걱정이 되었다.

그때 시드니 북부 해변장로교회의 김석동 목사로부터 '커피브레이크(Coffee Break)'라는 소그룹 성경공부를 소개받았다. 김 목사님은 호주에서 둘도 없는 나의 친구다. 아내와 함께 비행기를 타고 그 교회를 방문해 커피브레이크 성경공부에 직접 참관했다. 대부분의 성경공부는 리더가 가르치고 말을 많이 한다.

그러나 커피브레이크는 정반대이다. 리더는 가르치는 것이 아니라 주로 질문만 한다. 그리고 구역원들이 말씀의 뜻을 발견해서 이야기를 나눈다. 리더와 구역원이 서로 유기체가 되는 것이다. 성경에 보면 예수님도 참 질문을 많이 하셨다.

이전에 했던 성경공부는 리더가 구역원들을 가르치는 형태였다면, 커피브레이크는 가르치는 것이 아니라 말씀을 통해 서로 삶을 나누는 시간을 가진다. 성경 지식을 배우는 것이라기보다 말씀을 통하여 삶에 적용하는 성경공부인 것이다.

무엇보다 커피브레이크의 특징은 불신자를 대상으로 전도하기 위한 성경공부이다. 불신자를 위한 구체적인 기도문을 가지고 모일 때마다 전도 대상자를 놓고 기도하는 것이 다른 성경공부와 다른 점이다.

불신자를 위한 구체적인 기도문은 이렇다.

1. 하나님께서 ○○○을 주님께로 이끄시도록 기도합니다
 (요 6:44).

2. ○○○이 하나님을 찾아 발견하도록 기도합니다
 (행 17:27).

3. ○○○이 하나님의 말씀을 믿도록 기도합니다(살전 2:13;
 롬 10:17).

4. 사탄이 ○○○의 마음을 혼미케 못하도록 기도합니다
 (마 13:19; 고후 4:4).

5. 성령님께서 ○○○ 안에서 역사하시도록 기도합니다
 (요 16:8-13).

6. ○○○을 인도할 사람을 보내 주시도록 기도합니다
 (마 9:37-38).

7. ○○○이 그리스도를 믿도록 기도합니다(요 1:12; 5:24).

8. ○○○이 죄를 회개하고 돌이키도록 기도합니다
 (행 17:30).

9. ○○○이 그리스도를 주님으로 시인하도록 기도합니다
 (롬 10:9).

10. ○○○이 그리스도를 따르기 위해 모든 것을 양보하도
 록 기도합니다(고후 5:15; 빌 3:7-8).

11. ○○○이 그리스도 안에 뿌리를 내리며 자라도록 기도
 합니다(골 2:6-7).

예수님 이름으로 기도합니다. 아멘!

  호주에는 국제 강사가 없어서 한국에 계신 고광천 목사님을 초청해서 2012년 10월 30일부터 11월 3일(월-금)까지 전 교인을 대상으로 하여 매일 밤낮으로 커피브레이크 강의를 듣고 '질문 만들기'를 배웠다. 어떤 집사님은 이렇게 좋은 것을 소개해 주셔서 너무 감사하다며 눈물을 글썽이기도 했다.

  이 커피브레이크 소그룹 성경공부를 우리 교회에 정착시키기 위해 미국에 계신 백은실 글로벌 커피브레이크 대표를 두 번 초청해서 재교육을 했다. 그리고 매년 초에 자체 세미나를 개최해서 커피브레이크 소그룹 성경공부의 규칙 안에서 정착시켰다.

  특히, 2024년 10월 22일(화)부터 25일(금)까지 백은실 대표가 김양희 권사, 김향미 권사, 신혜승 권사, 골드코스트 비전장로교회의 윤명훈 목사와 임미영 사모 이렇게 다섯 분을 교육시키고 국제 강사로 인준했다.

  이제 김석동 목사도 은퇴하고 나 역시 은퇴하기에 새로 인준된 다섯 분을 통하여 우리 교회뿐만 아니라 호주에 커피브레이크 소그룹 성경공부가 널리 보급되기를 바란다.

'어? 성경이 읽어지네 성경방'을 우리 교회에 소개하여 많은 성도가 성경을 읽게 하는 데 공을 세운 분은 김소영 집사다. 이런 성경공부가 있다고는 이야기를 들었지만, 막상 강사로 교육을 받아보니 힘든 과정이지만, 목회에 참 유익한 것이 많았다. 무엇보다도 성경 신·구약 전체를 한 눈으로 꿰뚫을 수 있어서 참 좋았다.

특히, 『어? 성경이 읽어지네!』를 통해 커피브레이크 소그룹 성경공부의 약점을 보완할 수 있어서 성도들 양육에 큰 도움이 된다. 이를 통하여 커피브레이크 소그룹 성경공부의 나눔이 풍성해진다.

또한, 성경이 기록된 배경과 내용을 공부할 때는 그 당시 저자들의 심정과 그들의 영성이 살아서 움직임을 느낀다. 우리 교회에는 전문 강사가 15명 이상이 된다. 매년 신·구약 성경방을 열어서 강의를 한다. 대면으로 비대면으로 수고하는 강사들이 있어 든든하다.

Chapter II

기적의 축복

1. 로드 길버트와의 인연

에피소드 #1.

1992년 1월에 호주에 유학 온 후, 약 1년 6개월 후에 가족이 호주에 오려고 하는데 한국 호주 대사관에서 나의 자녀 두 명의 학비를 낸 영수증을 제출해야 비자 수속이 진행된다고 말했다. 앞이 캄캄했다.

자녀들 학비 낼 돈이 어디 있었겠는가?

그때 퀸즐랜드주 문교부에 전화를 했다. 어떤 남자 분이 전화를 받았다. 그래서 내가 자녀 학비문제로 전화를 했다고 하니 월요일 오전 11시에 자기 사무실로 오라고 주소를 알려 줬다. 찾아갔더니 문교부 장관 밑에 있는 국장으로 고위층 사람이었다. 그분 밑에 직원이 많이 있었는데, 그분이 내 전화를 받았다는 것이 참 신기했다.

자녀들 학비를 내야 하면 나는 돈이 없기 때문에 한국으로 돌아가야 한다고 했다. 그러자 어디서 무슨 공부를 하느냐고 물었다. 투윙(Toowong)에 있는 퀸즐랜드신학교(Bible College of Queensland)에서 신학 공부를 한다고 하자, 그분이 깜짝 놀랐다.

그분은 자기가 어린 시절에 이 신학교 기숙사에서 자랐다는 것이다. 자기 아버지가 목사여서 이곳에서 생활했다며 나를 도와주고 싶다고 했다. 그분은 문교부 장관 이름과 주소를 적어 주며 장관에게 나의 어려운 사정을 편지에 써서 보내라고 했다.

편지를 보낸 후 사흘 동안 단식기도를 했다. 만약에 자녀 학비를 내야 한다면 나는 돌아가야 했다. 단식 후 로드 길버트 국장에게 전화를 했더니 본인이 내가 보낸 편지를 가지고 있으며 직원들과 상의해서 연락을 주겠다고 했다.

며칠 후 신학교 여직원이 나의 기숙사 문을 두드리며 "문교부에서 사람이 나왔다"는 말을 전해 주었다. '무슨 조사를 하러 나왔나?' 하며 걱정스러운 마음으로 사무실로 갔는데 바로 그 국장님이었다. 그분은 나의 자녀 학비가 면제되었다며 서류를 나에게 주었다. 학비 면제 서류를 우편으로 보낸 것이 아니라 본인이 직접 가지고 온 것이다. 이분은 내가 애타게 기다린다는 것을 알았다.

얼마나 친절한가?

한국 유학생이 자녀 학비 면제를 받은 것은 아마 내가 처음일 것 같다.

너무 기뻐서 자랑하고 다녔다. 그런데 어느 날, 한 한국 유학생이 내 이야기를 듣고 자기 자녀도 면제해 달라고 문교부에 찾아갔다. 그런데 그 국장을 만나지 못하고 담당 여직원을 만났는데, 그 여직원은 "유학생은 반드시 자녀들 학비를 내야 합니다"라고 말했다고 한다.

그래서 "그럼, 왜 김선규는 면제해 주고 나는 안 해주느냐!"라고 따졌더니, 그 여직원이 "아무튼 당신은 돈을 내지 않으면 돌아가야 합니다"라고 했다고 한다.

그날 오후, 나를 면제해 주신 그분이 학교로 전화를 주셨다. 그리고는 "다른 사람들에게는 말하지 마세요. 당신에게만 특별히 해 준 것입니다"라고 말했다. 그분께 참으로 감사드린다. 이것은 전적으로 하나님의 은혜다. 그분의 이름은 로드 길버트(Rod Gilbert)이다. 매년 성탄절이 되면 초콜릿과 카드를 써서 그분 집에 찾아가서 고마움을 표현하곤 했다.

에피소드 #2.

영주권을 신청할 때 일이다. 변호사가 "신학대학교에서 후원을 하기에 문제가 없지만, 누군가에게 추천서를 받을 수 있으면 받아오라"고 했다. 그래서 로드 길버트(Rod Gilbert) 국장님에게 부탁을 드렸다. 그는 흔쾌히 두 장 분량의 추천장을 써서 나에게 주셨다. 변호사에게 갖다주었더니 깜짝 놀라며 "이분은 정부 고위직이니 당신은 이 추천서만 있어도 영주권이 나옵니다"라고 말했다.

2. 석사학위 수여식

나는 원래 유학을 독일로 가려고 했다. 독일은 학비가 무료라는 이야기를 들었기 때문이다. 돈이 없기에 그렇게 결정했다. 그래서 학부를 공부할 때 독일어 공부를 참 많이 했다. 부산 해운대에 있는 독일 문화원에서 약 3년간 독일어를 공부했다.

그런데 신학교 졸업할 즈음 독일 하이델베르크에서 공부하신 최종호 교수님이 독일이 아닌 영어권으로 유학 갈 것을 권유했다.

이유는 두 가지였다.

첫째, 학부만 마치고 독일에 갈 경우 박사학위를 받기까지 너무 오랜 시간이 걸린다는 점이었다.

둘째, 요즘은 독일어 사용이 매우 제한적이어서 비행기를 타도 독일어로 안내하는 곳은 거의 없고, 대부분 영어를 사용한다는 점이었다.

마침, 학교 게시판에 '호주 유학'이라는 광고지가 붙어 있었다.

'호주' 하면 생각나는 것은 백호주의(白濠主義)가 아닌가?

유학원을 통해 호주를 알아보니 시드니에 있는 한 영어학원을 추천했다. 영어학원에 입학하는 것으로 호주 비자를 신청했지만, 호주 대사관에서 비자가 거절되었다. 이유는 나이가 많다는 것이었다. 나이 많은 사람이 호주에 가면 불법으로 눌러앉을 가능성이 크다는 이유였다. 다만, 신학을 전공했으니 신학대학 입학허가서를 받아오면 비자를 주겠다고 했다.

그런데 신학대학이 어디에 있는지 알 수가 없었다. 그 당시는 인터넷도 없었고 유학원에서는 신학대학에 대한 정보가 전무했다. 같은 교회에 다니던 집사님 딸이 호주에 있다는 것을 알고 연락을 해서 그 당시 브리즈번퀸즐랜드대학(Brisbane College of Queensland, BCQ)으로 현재 이름은 브리즈번신학대학(Brisbane School of Theology, BST)의 입학원서를 받았다. 입학원서를 작성해서 직접 BCQ로 보냈다. 학장이신 캔 뉴턴(Ken Newton) 박사가 바로 입학 허가서를 보내 주었다. 학비도 안 받고 입학 허가서를 보내 주었는데, 편지에는 이런 내용이 적혀 있었다.

원래 영어 시험인 IELTS(국제 영어 능력 시험) 성적을 보내 줘야 하는데, 학부 성적이 너무 좋아 영어 시험 없이 받아 주겠다는 내용과 함께 학교 은행 계좌로 학비를 입금하라는 편지였다. 그 당시 영어 시험 TOFEL은 알지만, IELTS는 생소했다.

내가 신학을 공부했던 부산신학대학(현 경성대학교)은 신학과와 교회음악과가 있었다. 한 학년당 교회음악과 학생을 포함하여 100여 명이 있었으며 전체는 400여 명이었다. 나는 입학할 때부터 학력고사 성적으로 장학금을 받고 들어갔으며, 졸업할 때까지 매 학기 전체 400여 명 중 단 한 명에게만 주어지는 전액 장학금을 4년 동안 받았다. 돈이 없었던 나는 이 장학금을 받기 위해 그리고 유지하기 위해 얼마나 열심히 공부했는지 모른다.

그런데 여기 신학교에 와서 좀 당황했다. 영어를 말하고 듣는 데 한계가 있었다. 영어를 쓰고 읽는 데는 별로 문제가 없는데, 듣고 말하는 데는 애로 사항이 많았다. 그리고 또 하나는 석사 과정에 공부하는 줄로 알고 왔는데, 학부에서 공부하라는 것이었다. 그리고 석사 과정은 IELTS 7.0을 꼭 받아야 한다고 했다. 그래서 IELTS 시험 준비를 개인적으로 할 수밖에 없었다. IELTS를 세 번이나 치러야 했다.

결국, 석사 과정에 들어갔는데, 같이 들어간 학생이 나를 포함해서 전부 다섯 명이었다. 유학생은 내가 유일했다. 그런데 한 과목이라도 낙제(fail)하면 재시험도 없고 바로 석사 과정 공부를 중단해야 했다. 공부만 해도 시간이 없을 텐데, 학비와 생활비를 아내와 같이 벌어야 하는 형편이었다.

그러다 보니 청소일을 해야 했고 방학 때에는 가이드 일도 해야 했다. 아내는 식당에서 접시를 닦았다. 학비를 맞출 수 없기에 특별히 학교에 요청해서 매달 나누어서 내는 것으로 허락을 받았다.

석사 과정의 성적 채점 방식은 다음과 같다. 시험은 강의를 맡은 교수가 직접 문제를 출제하고 채점한다. 그러나 에세이(Essay)는 호주신학대학연합회(Australian College of Theology, ACT) 본부에서 에세이 제목을 보내 주고 채점도 본부 측에서 한다. 학생들은 이름을 표기할 수 없으며 학번만 기입하게 되어 있다. 그래서 에세이 채점관이 이 학생이 유학생인지 아니면 호주 사람인지 모른다.

시험이 50점 미만을 받더라도 에세이에서 좋은 점수를 받아 합산해서 50점 이상이면 합격(Pass)이다. 그런데 시험을 아무리 90점 이상 높은 점수를 받았더라도 에세이 점수가 50점 미만이면 무조건 낙제(fail) 처리된다.

같이 공부하는 호주 학생들과 교수들이 모두 나를 걱정했다. 네가 이 공부를 해낼 수 있겠냐는 눈초리였다. 한 학기를 마치고 2학기를 시작했는데, 다섯 명이던 학생이 세 명으로 줄었다. 그로부터 2주쯤 지나 두 명의 학생이 학교에 다시 나타났다. "왜 수업에 안 들어오냐"고 묻자, 그들은 깜짝 놀라며 말했다.

"너, 전부 패스했니?"

그들은 한 과목에서 낙제(fail)해서 더 이상 공부를 이어갈 수 없어, 학교에 진로상담을 받으러 왔다는 것이다.

2학기 마치고 2년 차 첫 학기 때는 또 한 학생이 낙제해서 두 명이 수업을 들었다. 2학기 첫 학기에 또 한 학생이 낙제를 하여 마지막 학기 논문 쓸 때는 나 혼자 썼다. 참 신기한 일이었다. 네 명의 모든 학생이 자기네 모국어로 공부하는데 시험과 에세이를 통과하지 못해 끝내 졸업을 못했다.

내가 논문에 통과되었을 때 학장님은 상기된 목소리로 나에게 축하 전화를 했다. 학위 수여식 때 캔 뉴턴(Ken Newton) 학장님이 "너를 걱정하던 친구들은 다 어디 갔느냐?"

라고 해서 참석자 모두가 웃었다. 모든 것이 하나님의 은혜고 성령의 역사였다. 기적이었다.

3. 신학대학 교수로

석사 과정을 마치고 박사 과정에 들어가려고 하니 학비가 없어 막막했다. 내가 석사를 공부한 신학교에는 박사 과정이 개설되지 않았다. 퀸즐랜드대학교(University of Queensland, UQ) 종교학과에 가서 공부를 해야 하는데 학비가 너무 비싸서 나의 형편으로는 도저히 공부할 수가 없었다. 그래서 귀국하기로 마음을 먹고 가족에게 말했으나 아내와 아이들은 귀국하는 것을 원치 않았다. 앞이 캄캄했다.

켄모어신학교(Kenmore Christian College, 현 Australian College of Ministries) 학장을 만났다. 그리고 학교에서 강의하게 해달라고 부탁했다. 그러나 학장님은 교수를 안 뽑는다고 했다. 몇 주 지난 후 또다시 부탁했다. 대답은 역시 똑같았다. 그런데 얼마 후에 학장이 바뀌었다. 바뀐 랜디 에드워드(Randy Edwards) 학장님께 부탁했는데 의외의 대답을 들었다.

"당신 정말 우리 신학교에서 강의하기를 원하십니까? 그럼, 다음 주 월요일 오후 6시에 학교로 오십시오."

약속된 날 이사회에 참석했다. 길게 놓인 테이블을 따라 이사들이 쭉 앉아 있었고, 이사회는 신학교 교수와 목사들로 구성되어 있었다. 어떤 분은 나의 가족관계를 물었고, 또 어떤 분은 내가 받은 학위에 대해 질문했다.

이 신학교는 수료 과정(Certificate), 준학사 과정(Diploma), 고급 준학사 과정(Advanced Diploma), 학사 과정(Bachelor Course) 등을 운영하고 있었는데 석사학위(Master)로 충분히 가르칠 수 있다며 고개를 끄덕끄덕하는 분도 있었다.

그런데 한 이사분이 이렇게 물었다.

"당신은 장로교단(Presbyterian)이고 우리는 그리스도의 교회(Church of Christ)라 교단이 다른데 어떻게 우리 학교에서 강의할 수 있습니까?

"사람들이 교파를 만든 것이지 우리는 모두 주 안에서 하나입니다."

그러자 나의 대답에 맞다고 맞장구치는 이사도 계셨다. 모든 질문이 끝나고 잠시 밖으로 나가 있으라고 해서 이사회의 장을 나왔다. 이사들과 논의를 마친 후 학장님이 나에게 와서 내 손을 잡고 같이 이사회의장에 다시 들어가니, 모든 이사가 기립해서 박수를 치며 말했다.

"축하합니다. 당신을 우리 신학대학에 교수로 채용하기로 결정했습니다."

순간 '어떻게 이런 기적이 있을 수가 있을까' 싶었다. 역시 하나님의 은혜요 성령의 역사였다.

> Way Maker
>
> Miracle Worker
>
> Promise Keeper
>
> Light in the Darkness
>
> My God that is who You are
>
> 새 길을 만드시는 분
>
> 큰 기적을 행하시는 분
>
> 약속을 지키시는 분
>
> 어둠 속을 밝히시는 빛
>
> 그는 우리 하나님

출애굽한 이스라엘 백성들이 앞에는 홍해가 가로놓여 있고 뒤에서는 애굽 군대가 쫓아올때 얼마나 다급했을까?
얼마나 앞이 캄캄했을까?
이제 죽었다고 생각했을 것이다.
그런데 능력의 하나님이 바다 밑에 길을 낼 것이라는 것을 누가 상상이라도 했을까?

하나님께서는 상상할 수 없는 나의 길도 만드셨다

내가 공부했던 신학교의 캔 뉴턴(Ken Newton) 학장님께 여기 신학대학에서 강의하기로 결정되었다고 전화를 드리자, 학장님은 우리 학교로 오라고 하셨다. 참 난감했다. 여기 신학대학교에서는 사정사정해서 어렵게 허락을 받았는데, 내가 공부한 신학교 학장님이 그 학교로 오라고 하시니 순간 당황했다. 그래서 생각할 시간을 좀 달라고 했다.

그런데 사흘 후에 캔 뉴턴 학장님께 전화가 왔다. "내가 너를 놓아주겠다"라고 하셨다. 감사했다. 그래서 나는 잘 알고 지내는 UQ에서 박사 과정을 공부하고 있는 분께 그 학교에 한번 가보라고 권했다. 그분이 학장님을 찾아갔더니, 캔 뉴턴 학장님은 이렇게 말씀하셨다고 한다.

"나는 미스터 김(Mr. Kim)을 원하지 당신을 원하는 것이 아닙니다."

강의 일 년 차 때는 두 시간 강의하고 나오면 하늘이 노랗게 보이고 다리가 후들후들 떨렸다. 안되는 영어로 강의한다는 것이 여간 어려운 일이 아니었다. 학생이 질문을 하면 한국말로는 대답해 줄 수 있는데, 영어로는 바로 대답하기가 어려웠다. 그럼 다음 시간에 설명해 주겠다고 말하고, 강의가 끝난 후 교수실에 와서 열심히 영작을 했다.

그리고 학교 비서(secretary)에게 보내면, 그녀가 체크해서 완벽한 영어 문장을 나에게 보내 주었다. 그럼 그 문장을 밤새도록 외워야 했다. 학생 앞에서 떠듬떠듬 읽을 수는 없는 것이 아닌가(?) 강의 2-3년차 때는 강의가 아주 수월했다. 알고 있는 대로 설명할 수 있었다. 영어가 그만큼 늘었다는 것이다.

Chapter Ⅲ

하나님의 음성

1. 때리지 마라, 그 놈이 효도할 놈이다

"때리지 마라, 그 놈이 효도할 놈이다."

내가 학교 다닐 때 어머니께서 가끔 하신 말씀이다. 어린 시절, 한번은 내가 말을 안 들어서 어머니께서 매를 드시자, 하나님께서 그렇게 말씀하셨다는 것이다.

어머니는 하나님께서 "효도할 놈"이라고 하시니 아마 물질로 효도할 것으로 이해하셨던 것 같다. 그런데 돈과 먼 주의 종이 되었으니 효자는커녕 늘 걱정만 끼쳐드렸다. 호주에 유학을 왔을 때 전화를 하면 어머니는 금전적으로 나를 도와주지 못하는 것에 대해 미안해하셨다. 그리고 말씀하셨다.

"하나님께 올바로 서라. 까마귀를 통해서도 먹이시는 하나님이시니, 하나님 보시기에 합당한 주의 종이 되거라. 그러면 하나님이 네 길을 책임지실게다."

자식이 어려운데 도와주지 못하는 부모의 심정을 내가 부모가 되어 보니 알것 같았다. 그런데 자식이 부모님께 도움이 못되는 마음도 참 안타깝다. 그래서 늘 하나님께 부모님을 위해 기도하곤 했다. 나중에 깨달은 것은 물질이 아닌, 영적으로 효자 노릇할 것이라는 말씀으로 이해했다.

2020년 5월 26일 어머니가 돌아가시는 날 밤에 꿈으로 돌아가실 것을 미리 보여 주셨다. 어머니가 아주 깨끗한 호수에서 수영을 하고 계셨는데 쭈글쭈글한 어머니가 아니라 40대 초반의 젊고 건강한 모습이었다.

바다 옆에 있는 호수인데 이상하게도 바다는 보이지를 않았다. 어머니가 천국에 가실 것을 직감했다. 천국에 계신 어머니를 보여 주신 것이다. 그리고 성경 말씀대로 그곳에는 바다가 없었다(계 21:1).

> 또 내가 새 하늘과 새 땅을 보니 처음 하늘과 처음 땅이 없어졌고 바다도 다시 있지 않더라(계 21:1).

내가 들으니 보좌에서 큰 음성이 나서 이르되 보라 하나님의 장막이 사람들과 함께 있으매 하나님이 그들과 함께 계시리니 그들은 하나님의 백성이 되고 하나님은 친히 그들과 함께 계셔서(계 21:3).

우리 형제는 5남 2녀로 7남매다. 모두 신앙의 가정으로 화목하니 효자요 효녀라고 할 수 있다. 특히, 그중에도 다섯 형제중 네 명이 목사이니, 부모님께 영적으로 효자인 셈이다. 그러나 가끔 부모님께 금전적으로 효를 제대로 못한 마음에 죄스러울 때가 많다.

그래서인지 2021년 5월 13일 꿈에 내가 한참을 날아 어머니가 계신 곳으로 갔다. 그리고는 엄마 품에 안겨 "엄마, 죄송합니다"라고 말하니 어머니가 나를 쓰다듬으시며 "괜찮다"라고 말씀하셨다. 어머니, 아버지가 너무 사무치게 그립다. '지금 살아 계신다면 얼마나 좋을까!' 하는 생각이 늘 마음속에서 떠나지 않는다.

어머니는 천국에 계셔도 자식 때문에 걱정이 많으신 것 같았다. 2023년 11월 23일에 한국의 전주예수병원에서 아내가 방광탈출 수술을 받았다. 그다음 날 어머니가 호주에 있는 우리 집에 오셔서 무릎을 꿇고 며느리를 위해 기도하시며 마귀를 대적하시는 꿈을 꾸었다. 그래서 나는 아내 건강이 잘 회복될 거라는 확신을 가졌다. 천국에서도 자식들 때문에 편한 날이 없으신 어머니이시다.

2. 그래도 낫지 않으면 나에게 와라

나의 어머니는 신유의 은사를 받은 분이셨다. 그래서 집에는 항상 많은 환자가 기도를 받으러 찾아오곤 했다. 그런데 내가 결혼하기 전에 맹장 수술을 받은 적이 있었다. 부산침례병원에서 수술했는데, 수술 자국이 쉽게 아물지를 않아서 부산 청십자 병원에 갔다. 당시에는 국가 의료 보험 제도가 없던 시절이었다. 청십자병원에서 하는 말이 수술 당시 불순물을 모두 제거하지 않았기에 상처가 아물지를 않는다며, 수술 자국 안에 심을 박아 주었다. 하루이틀도 아니고 언제 완치될지 기약이 없었다.

그래서 기도로 나을 수 있다고 믿고 청십자병원에 가서 의사에게 말했다.

"나는 예수를 믿는 크리스천입니다. 기도로 나을 수 있다고 믿습니다. 그러니 심을 빼 주십시오."

그랬더니 의사가 심을 빼 주면서 기도로 치유될 수 있다며 격려해 주었다.

대전 집으로 와서 어머니께 기도해 달라고 부탁했다. 어머니는 근심된 마음으로 저녁에 가정 예배를 드리고 수술 자국에 손을 대고 기도해 주셨다. 그리고 어머니는 일주일 기도하면 하나님께서 낫게 해 주신다는 응답을 받았다고 말씀하셨다. 기도 후 누워서 TV를 보고 있는데, 갑자기 화면이 사라지더니, TV 화면 속에 하늘에서 손이 내려와 내 엉덩이를 툭 치며 음성이 들렸다.

"하나님의 능력이 무슨 일주일이냐? 단번에 낫게 해 주겠다. 그래도 낫지 않으면 나에게 와라."

이 음성 후에 바로 실제로 배 속이 부글부글 끓기 시작했다. 불순물이 까맣게 타서 나오는 것이다. 성령의 불로 불순물이 탄 것이다. 새까만 피를 닦아 내면 나오고 또 나오곤 했다. 그리고 마침내 멈췄다.

그런데도 수술 자국이 아물지를 않았다. 그때 "그래도 낫지 않으면 나에게 와라"라는 음성이 무엇인지를 한참 생각했다. 그래서 어머니께 여쭈었다. 기도해 보시더니 '회개하라는 뜻이란다"라고 말씀하셨다. 열심히 신앙생활을 했는데 무엇을 회개해야 할지 생각이 나지 않았다. 그래서 밤새도록 이 기도만 계속하다가 새벽에 잠이 들었다.

"하나님, 혹시 제가 잘못한 것이 있으면 용서해 주세요. 알고 지은 죄, 모르고 지은 죄가 많이 있으니 하나님께서 용서해 주세요."

그런데 아침에 눈을 떠보니 이게 웬일인가?

수술 자국이 아문 것이다. 너무 기뻤다. "하나님 감사합니다. 하나님 감사합니다"를 연발하며 기뻐서 뛰었다.

3. 네 아들도 주의 종이다

한번은 꿈에 주님의 음성이 들렸다. 강대상을 보여 주시면서 "네 아들도 주의 종이다"라고 말씀하셨다. 당시 아들이 초등학교도 들어가지 않은 어린 나이기에 바로 알리지 않고 고등학교 다닐 때가 되어서야 알려 주었다.

"아빠가 늦게 주의 길을 가기에 얼마나 고생을 했는지 네가 알지 않느냐 너는 학부는 일반대학에서 공부하고 대학원은 신학을 하도록 하거라."

그러나 순순히 순종할 리 만무했다.

그래서 이렇게 틈틈이 말해줬다.

> 재벌인 이건희도 하루 세 끼 먹고 목사도 하루 세 끼 먹는다. 그러나 재벌이 돈 많다고 하루 네 끼 먹으면 성인병 걸려서 일찍 죽는다. 이건희는 사람을 볼 때 저 사람이 나에

게 돈을 벌게 해 줄 사람인가 아닌가를 보지만, 목사는 사람을 구원의 대상으로 본다. 그래서 전도한다. 그런데 우리는 언젠가는 하나님 앞에 선단다. 누가 하나님께 칭찬받겠니? 당연히 재벌이 아닌 목사다. 그러니 꼭 신학을 해서 주의 길로 가거라.

아들이 일반학부 공부를 하고 신학교 목회학 석사 과정(M.Div.)에 들어갔을 때 참 기뻤다. 더욱 기뻤던 것은 아들이 목사 안수를 받을 때였다. 어떤 목사님은 나에게 아들을 목사로 만들었으니, 목회에 성공한 것이라고 했다. 주님이 그렇게 인정해 주시면 참 좋을 것 같다.

아들은 피아노와 기타도 잘 다루고, 또한 영어 발음도 원어민과 같다. 나의 콩그리시하고는 다르다. 아들이 코스타(KOSTA) 강사로 갈 때면 참 기쁘다.

그리고 하나님께 기도한다.

"하나님, 내 아들 정순 목사를 통하여 영광 받으시옵소서. 교만하지 않게 하옵소서."

사실 내가 딸과 아들 둘을 낳고 늦은 나이에 신학 공부를 한다고 할 때 어머니는 근심이 크셨다. 그래서 어머니는 자녀들이 주의 종이 되지 않게 해달라고 기도하곤 하셨다. 왜냐하면, 교회에서 혹은 구역 예배 때 성도들이 목사에 대해

수군거리는 것을 너무 많이 보아오셨기 때문이다. 우리 자식이 다른 사람들로부터 비난의 대상이 되는 것을 원치 않으셨던 것이다.

자식이 비난 받는 것을 좋아할 부모가 어디 있겠는가?

그러나 사람들로부터 욕을 먹어도 하나님으로부터 인정을 받으면 참으로 복된 일이다.

> 나로 말미암아 너희를 욕하고 박해하고 거짓으로 너희를 거슬러 모든 악한 말을 할 때에는 너희에게 복이 있나니 기뻐하고 즐거워하라 하늘에서 너희의 상이 큼이라 너희 전에 있던 선지자들도 이같이 박해하였느니라(마 5:11-12).

4. 왜 내 돈 떼 먹느냐?

에피소드 #1.

나는 ACOM 신학대학에서 강의하면서 목회를 시작했다. 그런데 인두루필리연합교회(Indooroopilly Uniting Church)를 임대해 사용하면서부터는 새벽기도를 드릴 수 없었다. 새벽에 교회에서 예배드리면 차량이 들락거리면서 이웃에 사는 주민들이 잠을 설치기 때문에 허락할 수 없다고 했다.

하지만, 목사가 기도를 멈출 수는 없었다. 그래서 매일 밤 11시와 새벽 1시에 기도했다. 새벽 1시 기도가 끝나면 2시 가까이 된다. 그때는 아주 조용한 시간이었다. 그런데 어느 날, 새벽 1시 기도가 끝나고 2시쯤 막 잠을 자려고 누웠는데 음성이 들렸다.

"너, 왜 내 돈 떼먹느냐?"

그래서 내가 대답했다.

"주님, 저는 주님 돈 떼어먹은 적이 없습니다."

옆에 누워 있던 아내에게 물었다.

"여보, 혹시 우리가 십일조 안 낸 것이 있나?"

"무슨 그런 말도 안 되는 소리를 해요"

"그렇지, 그런데 주님이 '왜 내 돈 떼먹었냐'고 하시네."

그리고 잠을 잤다. 십일조는 어려서부터 부모님께 배운 것이기에 궁핍한 상황에서도 꼭 십일조는 드렸다.

일주일 후 어느 유학생 가족과 바이런베이(Byron Bay)로 놀러 갔다. 구경하고 내려오는데, 내려오는 중간에 멈춤(stop) 사인이 있었다. 그래서 내 차가 섰는데 바로 뒤따라오던 유학생 차가 내 뒤를 '쿵'하고 받았다. 내려서 보니 뒤 범퍼가 들어갔다. 유학생은 자기가 수리해 주겠다고 했지만, 나는 그냥 내가 고치겠다고 했다.

그런데 사고가 난 그날 밤, 새벽 1시에 기도하고 2시쯤 자려고 하는데, 환상 중에 옷을 다릴 때 사용하는 다리미판을 보여 주시면서 말씀하셨다.

"너, 왜 내 돈 떼먹느냐?"

이런 음성이 또 들렸다. 그때야 알아 차렸다.

호주에는 플라이바이(Fly buy)라는 포인트 적립식 카드가 있다. 콜스(Coles) 등 몇몇 쇼핑센터(shopping centre)에서 물건을 구매하면 포인트가 쌓이는 것이다. 어느 정도 포인트가 쌓여서 신청했더니 100달러짜리 바우처가 왔다. 그 바우처를 가지고 아내가 콜스에서 옷을 다릴 때 사용하는 다리미판을 구입했다. 물론, 현금이 아닌 바우처이기에 십일조는 안 했다. 그런데 하나님은 이것을 꾸짖은 것이다.

뒤 범퍼를 수리하려고 정비소에 갔더니 범퍼를 교체해야 한다고 했다. 가격이 1,200달러다. 10달러 십일조를 안 해서 10달러의 120배인 1,200달러를 지급해야 했다. 그 후로는 누가 백화점 카드나 주유소 카드를 주면 반드시 그 가격에 대한 십일조를 드린다.

에피소드 #2.

호주 유학을 온 뒤로 가끔 어머니께 전화를 드렸다. 한번은 통화 중에 어머니가 많이 걱정하셨다. 다름 아닌 동생이 충주에서 목회 중인데 장애인이 될지도 모른다고 말씀하셨다. 그래서 충주에 있는 동생에게 전화했다.

이유인즉, 새벽 예배를 마친 후 충주 목회자끼리 축구를 하다가 정강이를 차여서 정강이뼈가 부러졌다. 수술했는데도 아물지 않고 계속 고름이 나와서 병원에 갔더니 의사 선생님이 계속 곪으면 다리를 절단해야 한다고 말했다는 것이다.

그래서 나는 동생에게 말했다.

"분명 네가 하나님께 회개할 것이 있다. 무엇을 회개해야 하는지 기도하면서 찾아라."

이제 악화될 대로 악화되어서 병원에서는 다리를 절단해야 한다고 했다. 동생은 큰일이다 싶어서 세종에 있는 임마누엘 금식기도원에 가서 원장님으로부터 기도를 받았다. 기도 응답이 "목사님이 왜 하나님 돈을 떼어먹었어요? 십일조를 떼어 먹으면 안 됩니다"라고 하더란다.

동생은 개척교회를 하다 보니 금전적으로 어려웠던 것이다. 그래서 형과 누나들이 조금씩 도와주었는데 그 돈은 십일조를 안 하고 교회에서 받는 사례비만 십일조를 드렸던 것이다.

기도를 받고 집에 와서 형과 누나들이 몇 년간 도와줬던 돈을 전부 계산하여 돈을 빌려서 십일조를 드렸다. 그리고 나니 그다음 날 아침에 곪은 부분이 꾸들꾸들하더니 며칠 사이에 완전히 나았다.

창세기 14장 18절에 보면 지극히 높으신 하나님의 제사장이라 불린 멜기세덱이 와서 아브라함을 축복했다. 그때 아브라함이 "그 얻은 것에서 십분의 일을 멜기세덱에 주었더라"(창 14:20)고 말한다. 아브라함만 십일조를 드린 것이 아니다.

야곱 역시 그의 인생 중 절정의 시간에 이렇게 고백한다.

> 내가 기둥으로 세운 이 돌이 하나님의 집이 될 것이요 하나님께서 내게 주신 모든 것에서 십분 일을 내가 반드시 하나님께 드리겠나이다(창 28:22).

십일조는 내 것이 아니다. 하나님의 것이다. 반드시 드려야 한다.

마태복음 23장 23절에서 예수님의 십일조에 대한 말씀을 통하여 우리는 많은 것을 배운다.

> 화 있을진저 외식하는 서기관들과 바리새인들이여 너희가 박하와 회향과 근채의 십일조는 드리되 율법의 더 중한 바 정의와 긍휼과 믿음

> 은 버렸도다 그러나 이것도 행하고 저것도 버리지 말아야 할지니라 (마 23:23).

예수님은 바리새인들이 자기 자신들을 의롭다고 여기는 태도에 대해 이렇게 책망하시며 "그러나 이것(십일조)도 행하고 저것도 버리지 말아야 할지니라"고 십일조에 대해 말씀하신다.

사도 바울은 고린도 교인들에게 십일조를 가르쳤다. 고린도전서 16장 2절에 "매주 첫날에 너희 각 사람이 이를 얻은 대로 저축하여" 누구나 똑같은 금액을 내지 않아도 된다. 십일조는 아주 공평하다. 부자나 가난한 사람이나 너는 소득의 90퍼센트를 가지라는 것이다. 나는 10퍼센트를 갖겠다는 것이다.

그리고 사도 바울은 고린도후서 9장 7절에서 이렇게 말한다.

> 각각 그 마음에 정한 대로 할 것이요 인색함으로나 억지로 하지 말지니 하나님은 즐겨 내는 자를 사랑하시느니라(고후 9:7).

즉, 억지로 헌금을 하지 말라는 것이다. 인색함으로 하지 말라는 것이다. 기쁨으로 해야 된다는 것이다.

말라기 3장 10절에서 이렇게 말씀하신다.

> 만군의 여호와가 이르노라 너희의 온전한 십일조를 창고에 들여 나의 집에 양식이 있게 하고 그것으로 나를 시험하여 내가 하늘 문을 열고 너희에게 복을 쌓을 곳이 없도록 붓지 아니하나 보라(말 3:10).

사실 십일조는 헌금이 아니다. 이것은 하나님의 것이다. 내 것이 아니다. 헌금은 내 것에서 드리는 예물이다. 십일조는 원래부터 하나님의 것이었다. 하나님의 것을 하나님께 되돌려드리는 것이다. 하나님은 십일조를 드리면 쌓을 곳이 없도록 부어 주시겠다고 약속하신다. 기쁨으로 드릴 때, 하나님은 우리가 생각할 수 없을 정도로 축복해 주신다. 야고보서 1장 13절에 보면 이렇게 말씀하신다.

> 사람이 시험을 받을 때에 내가 하나님께 시험을 받는다 하지 말지니 하나님은 악에게 시험을 받지도 아니하시고 친히 아무도 시험하지 아니하시느니라(약 1:13).

그런데 십일조에 대해서는 시험해 보라고 말씀하신다. 우리는 십일조를 통해서 하나님의 역사하심과 하늘 문이 열리는 축복을 체험할 수 있다. 어떤 분들은 심지어 목사도 십일조는 율법이라고 잘못 알고 가르치는 분들도 있다. 예수님은 산상수훈에서 이렇게 말씀하신다.

> 한 사람이 두 주인을 섬기지 못할 것이니 혹 이를 미워하고 저를 사랑하거나 혹 이를 중히 여기고 저를 경히 여김이라 너희가 하나님과 재물을 겸하여 섬기지 못하느니라(마 6:24).

심지어 주님은 이렇게 말씀하신다.

> 너희를 위하여 보물을 땅에 쌓아 두지 말라 거기는 좀과 동록이 해하며 도둑이 구멍을 뚫고 도둑질하느니라 오직 너희를 위하여 보물을 하늘에 쌓아 두라 거기는 좀이나 동록이 해하지 못하며 도둑이 구멍을 뚫지도 못하고 도둑질도 못하느니라(마 6:19-20).

우리가 십일조를 못 하는 이유가 무엇일까?

대답은 간단하다. 재물을 섬기기 때문이다. 십일조는 모든 것이 하나님으로부터 왔다는 믿음의 고백이다.

우리는 하나님께 얼마나 기도를 하는지 모른다. 매일 순간순간 기도할 때마다 "이것도 주세요, 저것도 주세요, 자녀의 문제를 해결해 주세요, 남편의 문제를 해결해 주세요"라고 말한다. 그런데 정작 하나님의 것은 아무렇지도 않다는 듯이 떼먹는다

5. 수고했다

목회자는 대부분 토요일은 설교 준비에 바쁘다. 그런데 토요일에 병원에 가서 수술받는 자매를 위해 통역을 해야 했다. 통역이 아니어도 뇌 수술을 받는 자매를 위해 기도하러 당연히 병원에 가야 했다. 지금은 병원마다 통역원들을 통해 의사소통할 수 있지만, 2000년 초기에는 병원에 통역 시스템이 갖추어지지 않았다. 통역을 마치고 오후에 집에 왔는데 너무 피곤하여 골아 떨어졌다.

그런데 꿈에 손이 나타나더니 내 등을 쓰다듬으면서 말씀하신다.

"수고했다. 그만 일어나라. 설교 준비를 해야 하지 않느냐?"

이 음성은 어머니와 같이 부드러운 음성이었다. 그 음성을 듣고 눈물이 주룩 흘러나왔다. 팔꿈치 밑에서 손가락까지만 보인다. 주님의 손이시다. 나의 피곤과 나의 수고를 알아주시는 분은 오직 주님밖에 없다.

그렇다. 목회는 주님만이 알아주고, 주님만이 칭찬해 주고, 주님만이 상급을 주시면 이보다 더 행복한 것은 없다. 분명 그 손은 벨사살왕을 책망하기 위해 석회벽에 글자를 쓰시던 손이시다(단 5:5). 주님의 같은 손이지만 책망의 손이 아닌, 칭찬과 격려의 손을 우리는 모두 보기 원한다.

마태복음 25장 14-30절에 달란트 비유가 나온다. 다섯 달란트 받은 종과 두 달란트 받은 종은 모두 주님으로부터 칭찬을 받는다.

> … 잘하였도다 착하고 충성된 종아 네가 적은 일에 충성하였으매 … 내가 많은 것을 네게 맡기리니 네 주인의 즐거움에 참여할지어다 (마 25:21, 23).

이때 이 종들이 얼마나 기뻤을까?
이들도 기뻐서 눈물이 주룩 흘러나왔을 것이다.
우리는 순간순간 신앙생활을 하면서 혹시 한 달란트 받은 종은 아닌지 영적으로 점검해야 한다. 한 달란트 받은 종은 이렇게 책망을 받는다.

> 이 무익한 종을 바깥 어두운 데로 내쫓으라 거기서 슬피 울며 이를 갈리라 하니라(마 25:30).

눈에서 흐르는 눈물은 다 똑같은 것 같지만, 기뻐서 흐르는 눈물과 슬퍼서 흐르는 눈물은 전혀 다르다. 우리 모두 주님의 칭찬으로 기쁨의 눈물이 흐르게 하자.

6. 운동해라, 뛰어라

신학대학 강의 준비하랴, 설교 준비하랴, 박사과정 논문 쓰랴, 정말 정신이 하나도 없었다. 그래서 맨날 밤낮으로 신학교 연구실 책상에 앉아 있을 수밖에 없었다. 하루 종일 책을 보아도 논문 한 줄 쓰지 못할 때가 많았다. 그러니 체중은 늘어나서 비만이 되었다.

그런데 하루는 주님께서 말씀하셨다.

"운동해라, 뛰어라!"

그렇지만 나는 운동할 시간이 없었다. 해야 할 일이 너무 많았다. 박사 과정 논문을 쓰면서 신학교 강의를 영어로 준비해야 해서 여간 힘든 것이 아니었다. 강의 준비한 내용을 거의 다 이해하고 외워야 했다. 한국말로 하는 것도 아니고, 영어로 강의한다는 것은 그 당시 나에게는 긴장의 연속이었다. 그러니 운동할 생각은 꿈도 꾸지 못했다.

방학 기간에도 나는 학교 연구실을 떠날 수가 없었다. 밤낮으로 의자에 앉아 있었다. 한번은 학장 랜디 에드워드(Randy Edwards)가 연구실에 앉아 있는 나를 보고 불렀다. 방학 동안에 학교 나오지 말고 가족과 놀러 가라고 했다. 쉬라고 했다. 그러다가 쓰러지면 어떻게 하느냐고 했다.

한번은 학장님이 선샤인코스트(Sunshine Coast)에 있는 콘도를 신학교에서 사흘을 예약해 두고 빨리 그곳으로 떠나 쉬라고 했다. 나는 해야 할 일이 많았기에 참 난감했다. 할 수 없이 아내와 낮에 그곳에 갔다가 방 한번 쳐다보고, 바닷가 한번 쳐다보고, 밤에 몰래 집으로 왔다. 지금 생각하면 참 아까운 생각이 든다. 쉬는 문화, 노는 문화에 익숙하지 않았기 때문이다.

공주대학교에서 교환교수로 오신 이원국 교수님이 나의 집에 찾아오셨다. 그리고 진지하게 말씀하셨다.

"목사님, 장기 목회(long term)를 원하십니까? 아니면 단기 목회(short term)를 원하십니까?

하나님께서 목사님을 이렇게 영적으로 훈련시켜 놓으셨을 때는 장기 목회(long term)하길 원하실 겁니다. 그러기 위해서는 목사님이 건강을 챙겨야 합니다. 건강을 잃으면 모든 것을 잃습니다. 건강을 내가 챙기지 못하면 그것도 하나님 앞에 죄입니다. 운동을 해야 합니다.

호주는 골프 비용이 저렴합니다. 테니스 치는 것보다 저렴하니 일주일에 두 번 정도 골프를 치세요. 골프 칠 때는 핸드폰도 꺼 놓고 운동에만 집중하세요. 걷는 것이 큰 운동이 됩니다."

장로님의 충고가 하나님 음성으로 들렸다. 그래서 그때부터 골프를 치기 시작했다. 목사가 골프를 친다는 것이 내키지 않았는데 이원국 교수님의 충고로 골프에 입문하게 되었다. 이 교수님은 장로님이셨다. 본인의 장인이 한국에서 큰 교회를 시무하셨는데 갑자기 쓰러지셨다.

그래서 성도들이 목사님이 우리를 위해 목회하다가 쓰러졌다고 눈물을 흘리며 사모를 위로하였다. 그런데 한 달이 지나도 장인 목사님이 일어나시지 못하자, 교인들 사이에 쑤군쑤군하는 소리가 들렸다.

"목사가 분명 하나님께 매 맞을 죄를 진 거야."

목사님은 결국 일어나지 못하고 소천하셨다. 그러니까 교회에서 사모님에게 사택에서 나가 달라는 통보를 했다. 목사님이 돌아가시면 사모는 아무것도 아니라고 말씀하셨다. 그러면서 꼭 건강 잘 챙기라고 신신당부하셨다.

하나님께서 나한테 운동하라고 해도 운동하지 않으니 이원국 장로님을 통하여 또 말씀하신 것이다. 내가 당장 필요한 것은 강의 준비, 설교 준비 그리고 논문 쓰는 것이었는데 하나님께서는 내가 당장 필요한 것은 건강이었다.

건강을 잃으면 어떻게 강의하고 어떻게 설교하고 어떻게 논문을 쓰겠는가?

정말 눈동자와 같이 나를 아시고 나를 지키시는 하나님 이심을 고백하지 않을 수 없다.

그래서 시편 121편에서 시인은 이렇게 고백했나 보다.

> 이스라엘을 지키시는 이는 졸지도 아니하시고 주무시지도 아니하시리로다 여호와는 너를 지키시는 이시라 여호와께서 네 오른쪽에서 네 그늘이 되시나니 낮의 해가 너를 상하게 하지 아니하며 밤의 달도 너를 해치지 아니하리로다(시 121:4-6).

7. 인간 상을 받지 마라

우리는 누구나 칭찬받기를 좋아한다. 칭찬받기를 싫어하는 사람은 아무도 없을 것이다. 심지어 『칭찬은 고래도 춤추게 한다』라는 책도 나왔다. 칭찬에 대해 목회자라고 예외는 아니다. 설교하고 나면 어떤 성도님은 "은혜 많이 받았습니다"라고 말씀하는 분이 계신다. 그러면 기분이 좋다.

한국에 계신 어떤 목사님이 설교하고 나오는데 나이가 지긋한 권사님이 "목사님, 오늘 설교 죽 썼네"라고 해서서 목사님이 "성도들이 병에 걸려 빌빌해서 죽 쒀서 먹였지" 하고 대답했다고 해서 서로 웃었다.

한번은 주님과 이런 대화를 나누었다.

"사람의 칭찬을 받으면 내가 주는 상이 없다."

"그럼, 사람들이 칭찬하는데 어떻게 해야 하나요?"

"사람으로부터 칭찬받을 때 속으로 '하나님 영광 받으세요'라고 기도해라."

그렇다. 칭찬과 영광은 하나님이 받으시는 것이다. 우리 인간이 받는 것이 아니다. 주기도문에서도 "나라와 권세와 영광이 아버지께 영원히 있사옵니다"라고 고백하며 기도한다. 영광은 하나님께만 있는 것이지 우리가 하나님의 영광을 가로채서는 안 된다.

"참, 미인이시네요."

"자녀가 공부를 잘해서 참 좋으시겠어요."

"아주 좋은 집에 사시네요."

"출세하셨네요."

그러면 대부분 사람은 우쭐한다. 기분이 업(up)되어서 흥분한다. 그런데 이럴 때 우리는 하나님께 영광을 돌려야 한다. 하나님께 영광을 돌리지 않고 그 영광을 내가 받으면 나에게 화가 임한다는 사실을 알아야 한다.

많은 사람이 나를 알아 주기를 바란다. 그래서 기부해도 꼭 그 기부한 것에 대해 인정받기를 원한다. 사람들이 "내가 이렇게 했다"라고 알아주기를 바란다. 그러나 사람들이 칭찬해 주고 박수를 쳐줄 때 조심해야 한다. 하나님께 영광을 돌려야 하는 것이다. 하나님께 영광을 돌리지 않고 자기가 영광을 받으면 하나님의 상은 없는 것이다.

헤롯은 하나님께 영광을 돌리지 않으므로 병들어 죽임을 당했다.

> 헤롯이 날을 택하여 왕복을 입고 단상에 앉아 백성에게 연설하니 백성들이 크게 부르되 이것은 신의 소리요 사람의 소리가 아니라 하거늘 헤롯이 영광을 하나님께로 돌리지 아니하므로 주의 사자가 곧 치니 벌레에게 먹혀 죽으니라(행 12:21-23).

헤롯의 연설에 대해 사람들이 칭찬하고 아부를 하며 박수를 쳤다. 그런데 그 박수에 우쭐했다. 하나님께 영광을 돌려야 하는데 자기가 최고인 양 우쭐하고 고개를 드니 얻어맞아 죽임을 당하게 되었다. 우리는 이 말씀에 대해 그냥 우습게 여겨서는 안 된다. 우리도 누가 칭찬할 때 우쭐할 것이 아니라 하나님께 영광을 돌려야 한다.

에스겔 28장 17절은 이렇게 말씀하신다.

> 네가 아름다우므로 마음이 교만하였으며 네가 영화로우므로 네 지혜를 더럽혔음이여 내가 너를 땅에 던져 왕들 앞에 두어 그들의 구경거

리가 되게 하였도다(겔 28:17).

　세상 사람들은 두로 왕이 몰락하며 파멸당한 것은 국력 약화로 인해 전쟁에서 패했기 때문이라고 생각한다. 그러나 두로 왕의 몰락은 세상 현상이 아니라 하나님 앞에서 교만으로 인해 망한 것임을 성경은 증거한다. 하나님께 영광을 돌리지 않아서 망한 것이다.

　나는 충청도 시골에서 자랐다. 초등학교 때 아버님은 뒷동산에 갈 때면 꼭 싸리나무처럼 가늘고 낭창낭창한 회초리를 들고 다니라고 하셨다. 회초리를 한 번 휘두르면 아주 매섭게 아프다. 시골 뒷동산에는 뱀이 많이 있었다. 특히, 독사는 반드시 목을 들고 물려고 쫓아온다. 이때 회초리로 뱀의 목을 '탁' 치면 목이 꺾인다. 신앙생활에서도 목을 들면 안 된다. 한 번 얻어맞으면 큰 고통이 따른다. 항상 겸손해야 한다.

8. 세상이 주는 박사학위 말고 내가 주는 박사학위를 받아라

　ACOM 신학대학에서 강의하면서 목회를 시작했다. 영어로 강의를 준비하는 것이 여간 힘든 것이 아니었다. 또한, 주일 예배와 수요 예배에 설교를 준비해야 해서 하루 24시간이 너무 짧았다. 여기에 박사학위(Ph.D., Religious Department, University of Queensland) 논문까지 써야 했기에 때로는 목회를 포기하고 싶은 마음이 불쑥불쑥 들었다. 그런데 마땅히 누구한테 교회를 맡길 목회자가 없었다.

그런데 천사무엘 교수(한남대학교 기독교육학과 구약학 교수)님이 교환교수로 오셔서 나의 교회에 오시게 되었다. 마침 잘되었다고 내가 논문을 마칠 수 있도록 일 년만 교회에서 설교해 달라고 부탁을 드렸다.

그리고 지도교수님께 달려갔다. 지도교수님이 하시는 말씀이 내가 논문을 제출할 시간이 지나서 처음부터 다시 시작해야 한다는 것이었다. 여간 낭패가 아니었다. 여기 호주에 온 목적이 박사학위 받고, 한국에 가서 신학대학교 교수가 되는 것이 꿈이었는데 앞이 캄캄했다.

잘 아는 이동배 교수(UQ 한국어과 교수)를 만나 어려움을 이야기했더니 이 교수님 지도아래 논문을 써도 된다고 했다. 그래서 그렇게 하기로 하고 집에 왔는데, 그날 밤 1시 기도한 후에 하나님의 음성이 들렸다.

"세상이 주는 박사학위 말고 내가 주는 박사학위를 받아라."

"주님, 주님이 주시는 박사학위가 무엇입니까?"

"내 앞에 거룩히 서라. 모든 사람을 사랑해라."

이 음성을 듣고 박사학위 논문 쓰는 것을 포기했다. 인간적으로는 참 아쉬웠다. 총 다섯 개의 장(Chapter) 중에 세 개의 장까지 썼는데 말이다.

그날 이후 매일 "하나님, 사랑의 종이 되게 해 주세요. 미운 사람이 없게 해 주세요"라는 기도가 다른 기도보다 항상 먼저 나왔다.

인간의 힘으로는 미운 사람을, 나에게 욕하는 사람을, 교회를 휘젓는 사람을 용서하고 사랑할 수 없는 노릇이다. 사랑의 종이 되려면 입이 아닌 행동으로 옮겨야 하는 것이다. 그런데 이 행동이 그렇게 쉬운 것이 아니었다.

그렇게 기도를 해도 미운 사람이 있고 용서하기 힘든 사람이 있었다. 사랑하려고 인간적으로 아무리 발버둥을 쳐도 사랑하는 것이 쉽지 않았다. 그럴 때면 삼일 단식기도를 했다. 에스더가 삼일 단식기도로 이스라엘 민족을 구했듯이 사흘간 물 한 모금, 밥 한 숟가락 입에 대지 않고 하나님께만 회개기도를 하곤 했다. 그러면 미움이 사라진다. 긍휼함으로 용서할 수 있게 된다.

> 내가 천사에게 나아가 작은 두루마리를 달라 한즉 천사가 이르되 갖다 먹어 버리라 네 배에는 쓰나 네 입에는 꿀 같이 달리라 하거늘 내

가 천사의 손에서 작은 두루마리를 갖다 먹어 버리니 내 입에는 꿀같이 다나 먹은 후에 내 배에서는 쓰게 되더라(계 10:9-10).

하나님 말씀이 얼마나 달콤한가?
말씀을 읽으면 읽을수록 꿀송이같이 달다. 그래서 다윗은 말한다.

금 곧 많은 순금보다 더 사모할 것이며 꿀과 송이 꿀보다 더 달도다(시 19:10).

에스겔도 하나님 말씀이 이렇게 꿀송이보다 달다고 했다.

내가 입을 벌리니 그가 그 두루마리를 내게 먹이시며 내게 이르시되 인자야 내가 네게 주는 이 두루마리를 네 배에 넣으며 네 창자에 채우라 하시기에 내가 먹으니 그것이 내 입에서 달기가 꿀 같더라(겔 3:2-3).

고린도전서 13장의 사랑장을 읽을 때 그 말씀이 얼마나 꿀송이 같이 달콤한가?

> … 사랑은 오래 참고 사랑은 온유하며 시기하지 아니하며 사랑은 자랑하지 아니하며 교만하지 아니하며 무례히 행하지 아니하며 자기의 유익을 구하지 아니하며 성내지 아니하며 악한 것을 생각하지 아니하며 불의를 기뻐하지 아니하며 진리와 함께 기뻐하고 모든 것을 참으며 모든 것을 믿으며 모든 것을 바라며 모든 것을 견디느니라 사랑은 언제까지나 떨어지지 아니하되 예언도 폐하고 방언도 그치고 지식도 폐하리라 … (고전 13:4-8).

그런데 이 말씀에 순종하고 지키려고 하니 여간 어려운 것이 아니다. 그래서 배가 뒤틀리는 것이다. 뱃속에서는 쓴 것이다.

우리는 하나님이 주시는 복을 간구하며 산다. 그 복이 세상의 것이든 영적인 것이든.

그런데 이 사랑의 말씀에 순종하며 살려고 노력하는 사람은 과연 얼마나 될까?

이 사랑은 인간의 힘으로는 도저히 되는 것이 아니다. 하나님의 영, 예수 그리스도의 영인 성령이 충만할 때 내가 순종할 수 있는 것이다.

예수님이 이 지상에 계실 때 우리에게 주신 계명은 딱 하나이다. 그것이 바로 사랑이다.

> 새 계명을 너희에게 주노니 서로 사랑하라 내가 너희를 사랑한 것같이 너희도 서로 사랑하라 너희가 서로 사랑하면 이로써 모든 사람이 너희가 내 제자인 줄 알리라(요 13:34-35).

새 계명을 우리에게 주신 것이다. 이 사랑의 새 계명은 지키면 더 좋고 안 지켜도 좋고의 문제가 아니다. 이것은 계명이다. 명령이다. 혹 미운 사람이 있을 때, 용서할 수 없는 사람이 있을 때, 이 계명을 두렵고 떨리는 마음으로 지켜야 하며 하나님 앞에 사랑으로 올바로 서야 한다.

과거 이스라엘 민족이 하나님께서 주신 옛 계명을 어겼을 때 그들이 어떤 처벌을 받았는지 생각해 보자. 이방나라의 침입을 받아 나라가 폐허가 되고 백성들은 포로로 끌려가 처참한 생활을 했다. 따라서 모든 계명을 완성하는 새 계명인 사랑을 어겼을 때는 어떤 하나님의 심판이 있을지 생각해야 한다.

어떤 분은 기도할 때 방언의 은사를 달라고 기도하고, 예언의 은사를 달라고 기도하고, 병 고치는 은사를 달라고 기도하기도 한다. 그러나 모든 사람이 다른 사람을 사랑할 수 있는 사랑의 은사를 간구하기를 바란다. 나를 미워하고, 나를 욕하고, 나에게 손해를 입히고, 나에게 손가락질하는 사람도 긍휼히 여길 수 있는 사랑을 주님은 원하시는 것이다.

요한일서 2장 10-11절과 3장 14-15절을 보면 이렇게 말씀하신다.

> 그의 형제를 사랑하는 자는 빛 가운데 거하여 자기 속에 거리낌이 없으나 그의 형제를 미워하는 자는 어둠에 있고 또 어둠에 행하며 갈 곳을 알지 못 하나니 이는 그 어둠이 그의 눈을 멀게 하였음이라(요일 2:10-11).

> 우리는 형제를 사랑함으로 사망에서 옮겨 생명으로 들어간 줄을 알거니와 사랑하지 아니하는 자는 사망에 머물러 있느니라 그 형제를 미워하는 자마다 살인하는 자니 살인하는 자마다 영생이 그 속에 거하지 아니하는 것을 너희가 아는 바라(요일 3:14-15).

우리는 누군가를 사랑하며 살아간다. 그러나 그 사랑의 대상이 나와 취미가 같거나 나에게 잘해주는 사람 혹은 나에게 이익을 주는 사람을 사랑한다.

그런데 주님이 원하시는 사랑은 나를 아프게 하고 나를 욕하는 나에게 손해를 끼치는 사람을 사랑하기를 원하신다. 우리는 예수를 믿음으로 거듭난 인생이라고 한다.

거듭났다는 증거는 무엇인가?

바로 사랑할 수 없는 사람을 사랑하는 것이다.

예수님은 산상수훈에서 이렇게 말씀하신다.

> 너희가 너희를 사랑하는 자를 사랑하면 무슨 상이 있으리요 세리도 이같이 아니하느냐 또 너희가 너희 형제에게만 문안하면 남보다 더하는 것이 무엇이냐 이방인들도 이같이 아니하느냐 그러므로 하늘에 계신 너희 아버지의 온전하심과 같이 너희도 온전하라(마 5:46-48).

'온전하라'는 말씀은 모든 사람을 사랑하라는 것이다. 나에게 해를 끼치는 사람을 사랑하는 것은 인간의 힘으로 불가능한 일이다. 그런데 우리가 잘못 생각하는 것이 있다. 사랑하라면 상대방을 위해서 사랑하라는 줄로 생각한다. 그러나 사랑은 나를 위한 것이다.

한번은 아주 강한 마귀가 내 앞에 와서 막고 있었다. 얼마나 힘이 세고 큰 마귀였든지 앞을 볼 수가 없었다. 방언으로 기도하며 쳐도 꿈쩍도 안 했다. 원래 웬만한 마귀는 예수 이름으로 기도하거나 방언으로 기도하면 나간다.

그런데 하나님이 보낸 마귀는 회개하기 전까지는 절대로 안 나간다. 왜냐하면, 마귀도 하나님이 부리시기 때문이다. 내가 미워하는 사람을 용서하지 못하니까 하나님께서 아주 강력한 마귀를 보내신 것이다.

나도 나름대로 화가 나서 회개기도는커녕 하나님께 기도하면서 대들었다. 그랬더니 그 마귀가 우리 아들에게 쑥 들어가는 것을 보여 주셨다. 할 수 없이 두 손 두 발 다 들고 사흘간 단식하며 회개기도를 했다. 그러자 그 마귀가 싹 나가는 것을 보여 주셨다. 그래서 결혼해서 처자식이 있는 목사보다 결혼하지 않고 혼자 사는 천주교 신부가 목회하기는 편할 거라고 생각했다.

　신부는 처자식이 없으니 화나면 나 혼자 죽으면 그만이니까 하나님과 맞짱 뜰 수 있지 않을까?

　그러니까 술도 마시고 담배도 피우지 않을까?

　물론, 신부라고 다 그런 것은 아니지만 말이다. 그런데 처자식이 있는 목사는 불가능하다. 자식이 맞고 아내가 얻어맞으니까 말이다.

　혹시 내가 누군가를 용서하지 못하고 미워하는 사람이 있다면 지금 마귀가 와있다는 것을 영적으로 깨달아야 한다. 그 마귀가 병에 걸리게 할 수도 있고 또 앞길을 막을 수도 있다. 물론, 자식들의 앞길을 막을 수도 있다. 그러므로 우리는 모든 사람을 사랑해야 한다. 이 사랑은 나를 위해서 사랑하라는 말씀이다. 형제를 미워하면 살인하는 자라고 말씀하신다. 즉, 내가 나를 죽이는 것이다.

사무엘상 18장에 보면, 여인들이 "사울이 죽인 자는 천천이요 다윗은 만만이로다"라는 소리를 듣고 사울이 매우 불쾌하여 다윗을 시기 질투한다. 그 시기 질투가 미움을 넘어 증오에 이른다. 성경은 사울이 다윗을 증오할 때, 하나님께서 부리시는 악령이 사울에게 힘 있게 내렸다고 말씀한다.

그래서 사울은 다윗을 죽이려고 한다.

> 내가 다윗을 벽에 박으리라 하고 사울이 그 창을 던졌으나 다윗이 그의 앞에서 두 번 피하였더라(삼상 18:11).

사울과 사울의 가족이 망한 이유는 다윗을 죽도록 미워했기 때문이다. 미움이 결국 자기와 자기 가족을 죽였다.

그래서 요한은 다음과 같이 말씀한다.

> 그 형제를 미워하는 자마다 살인하는 자니 살인하는 자마다 영생이 그 속에 거하지 아니하는 것을 너희가 아는 바라(요일 3:15).

미워하면 상대방을 살인하는 것이 아니라 나와 내 가족을 살인하는 것이다.

혹시 미워하는 사람이 있는가?

그렇다면 내가 죽고 가족이 죽는다는 것을 명심해야 한다. 사울은 '주의 종'이라기 보다는 정치가의 삶을 살았다. 정치가는 나의 출세에 장애가 된다고 생각하면 상대방을 가차 없이 죽이려고 한다.

한국 정치도 보면 똑같다. 인정사정도 없이 배신하고 베푼 은혜를 헌신짝처럼 버린다. 거짓이 난무하고 자기 죄를 다른 사람에게 뒤집어씌운다. 하나님을 두려워하지 않기 때문이다. 정치가 속성이 다 이렇다.

반면 다윗은 주의 종으로 살았다. 자기를 죽이려고 쫓아오는 사울을 죽일 기회가 두 번 있었지만 모두 용서했다. 사랑했다.

다윗은 어떤 사람인가?

다윗은 민족을 위기에서 구한 구국 공신이다. 사울을 위기에서 구원한 은인이다. 심지어 자기 딸까지 주어 사위로 삼은 사람이다. 그런데 그런 은인을 죽이려고 한다.

이런 면에서 세례 요한은 참으로 훌륭한 인물이다. 그는 자기를 따르던 자들이 모두 예수님께 가는데도 시기하거나 질투하지 않고 이렇게 말했다.

그는 흥하여야 하겠고 나는 쇠하여야 하리라 … (요 3:30).

교회에도 주의 종이나 성도로 신앙을 위장하는 정치가가 있다.

우리는 고난이 닥칠 때 이 고난이 죄로 인한 고난인지, 아니면 주님이나 요셉 혹은 다윗이나 욥과 같이 부당한 고난인지를 영적으로 구별할 줄 알아야 한다. 부당한 고난이라면 기도하며 인내해야 한다. 그러면 결국 요셉과 같은 축복을 누리게 되는 것이다.

그러나 죄로 인한 고난이라면, 하루빨리 무릎 꿇고 눈물로 회개기도를 해야 한다. 회개가 없으면 망한다. 사울과 같이 망하기 전에 빨리 회개해야 한다. 사울은 회개할 기회가 여러 번 있었지만, 회개의 기회를 놓쳐서 가족이 전멸했다.

물론, 사랑의 롤 모델은 예수님이시다. 그러나 평범한 사람 중에는 다윗이라고 생각한다. 다윗은 자신을 죽이려고 군대를 동원하여 쫓아오는 사울왕을 끝까지 사랑했다. 사울왕을 죽이면 우리가 생각할 때 다윗의 인생은 평탄대로다. 그런데 그는 사울왕을 죽이지 않는다. 끝까지 사랑한다. 결국, 사랑으로 선 다윗의 가문은 승승장구하고, 미움이 가득 찬 사울의 가문은 멸망한다.

나도 다윗과 같이 나를 죽이려고 하는 사람을 사랑할 수 있을까?

참으로 어려운 일이다. 그래서 다윗이 참 위대한 종이다.

> 어찌하여 형제의 눈 속에 있는 티는 보고 네 눈 속에 있는 들보는 깨닫지 못하느냐 보라 네 눈 속에 들보가 있는데 어찌하여 형제에게 말하기를 나로 네 눈 속에 있는 티를 빼게 하라 하겠느냐 외식하는 자여 먼저 네 눈 속에서 들보를 빼어라 그 후에야 밝히 보고 형제의 눈 속에서 티를 빼리라(마 7:3-5).

내 눈 속에 있는 들보를 빼야만 참 사랑과 참 화목을 실천할 수 있다. 하나님께 가까이 가면 갈수록 내 들보가 보인다. 그런데 하나님과 멀어지면 멀어질수록 남의 티가 커 보인다. 하나님께 항상 가까이 가길 바란다.

교회에 정말 미운 사람이 있었다. 새로 온 성도와 아주 친하게 지내다가 꼭 싸워서 교회에서 내쫓는 성도가 있었다. 이것이 한두 번이 아니라 매번 새로운 성도가 오면 접근해서 친하게 지내는 척하다가 결국은 싸우는 것이다. 얼마나 미웠는지 모른다. 차라리 그 사람이 교회를 떠났으면 좋겠다는 생각이 들었다.

그런데 하나님은 그 사람을 통하여 나에게 사랑 훈련을 시키셨다. 그래도 내가 그를 긍휼히 여기고 사랑하니까 하나님께서 다른 교회로 그 사람을 옮겨 주셨다. 그 교회 목사님이 그를 통해 얼마나 사랑 훈련을 받으실지 생각하니 마음이 저렸다.

교회에는 양과 염소가 있다. 염소는 이 성도, 저 성도를 뿔로 들이받는다. 또한, 가라지와 알곡이 있다. "밭은 세상이요 좋은 씨는 천국의 아들들이요 가라지는 악한 자의 아들들"(마 13:38)이라고 주님은 말씀하신다. 좋은 씨는 주님이 뿌리고 악한 씨는 마귀가 뿌린다. 마귀는 교회를 휘젓고 다닌다. 그래서 교회를 분열시킨다.

내가 알곡인지 가라지인지는 내가 안다. 내가 아무리 믿음이 좋은 체해도, 나의 의로 이 성도 저 성도를 판단하고 미워하며 교회를 분열시킨다면 나는 마귀가 뿌린 가라지인 것이다.

9. 성과를 먹어라

한번은 단식 중에 소파에 앉아 있는데 한낮임에도 환상 중에 하늘에서 두 줄이 내려오고 있었다. 한 줄에는 네 개의 과일이, 또 옆에 붙어서 내려오는 줄에는 다섯 개의 과일이 있었다. 모양은 망고 같았으나 망고보다는 조금 작고, 자두보다는 조금 큰 과일이었다. 그러면서 음성이 들렸다.

"성과를 먹어라."

"주님, 성과가 무엇입니까?"

"성령의 과일이다."

그래서 그 과일을 먹었다. 그리고 깨달았다. 이것이 바로 성령의 열매다.

> 오직 성령의 열매는 사랑과 희락과 화평과 오래 참음과 자비와 양선과 충성과 온유와 절제니 이 같은 것을 금지할 법이 없느니라 (갈 5:22-23).

성령의 아홉 가지 열매 중에 제일 먼저 나오는 열매가 바로 사랑이다.

한 율법사가 주님께 묻는다.

> 선생님 율법 중에서 어느 계명이 크니이까(마 22:36).

주님이 이렇게 대답하신다.

> 네 마음을 다하고 목숨을 다하고 뜻을 다하여 주 너의 하나님을 사랑하라 하셨으니 이것이 크고 첫째 되는 계명이요 둘째도 그와 같으니 네 이웃을 네 자신 같이 사랑하라 하셨으니 이 두 계명이 온 율법과 선지자의 강령이니라(마 22:37-40).

그렇다. 우리가 이웃을 사랑하는 것은 어떤 도덕이나 인간의 도리로 사랑하는 것이 아니라 하나님을 사랑하는 그 사랑을 바탕으로 이웃을 사랑해야 한다. 그래야 진정한 사랑을 실천할 수 있다. 사도 요한은 말한다.

> 우리는 형제를 사랑함으로 사망에서 옮겨 생명으로 들어간 줄을 알거니와 사랑하지 아니하는 자는 사망에 머물러 있느니라(요일 3:14).

우리가 예수를 믿어서 거듭난 사람에게 나타나는 증표가 바로 이웃 형제를 사랑하는 것이다. 이 세상 사람이나 예수 믿는 사람이나 누구나 다 사랑은 한다. 그러나 세상 사람들은 자기를 좋아하고 자기와 마음이 맞는 사람만 사랑한다.

그러나 예수를 믿는 우리는 나를 욕하고 나에게 안 좋게 말하는 사람들도 사랑해야 한다. 참 어려운 일이지만, 하나님을 사랑함으로 우리는 상대하기 껄끄러운 사람도 사랑해야 한다.

> 사랑하는 자들아 우리가 서로 사랑하자 사랑은 하나님께 속한 것이니 사랑하는 자마다 하나님으로부터 나서 하나님을 알고 사랑하지 아니하는 자는 하나님을 알지 못하나니 이는 하나님은 사랑이심이라(요일 4:7-8).

우리가 예수를 믿어 구원받았다고 생각한다면 마음에 안 드는 사람에게도 사랑으로 이어져야 한다. 스데반 집사는 유대인들에게 복음을 전하다가 돌에 맞아 죽었다. 죽으면서 한 말이 "주여, 이 죄를 그들에게 돌리지 마옵소서"(행 7:60)라고 사랑을 실천했다.

우리는 스데반 집사와 같은 사랑은 할 수 없을까?

예수님은 산상수훈에서 이렇게 말씀하신다.

> 그날에 많은 사람이 나더러 이르되 주여 주여 우리가 주의 이름으로 선지자 노릇하며 주의 이름으로 귀신을 쫓아 내며 주의 이름으로 많은 권능을 행하지 아니하였나이까 하리니 그 때에 내가 그들에게 밝히 말하되 내가 너희를 도무지 알지 못하니 불법을 행하는 자들아 내게서 떠나가라 하리라(마 7:22-23).

큰 능력을 행하는 종인데 주님이 모른다고 말씀한다. 불법을 행했기 때문이다. 불법은 주님의 법을 어긴 것이다.

그럼, 주님의 법이 무엇인가?

나는 '사랑'이라고 생각한다.

> 새 계명을 너희에게 주노니 서로 사랑하라 내가 너희를 사랑한 것같이 너희도 서로 사랑하라 너희가 서로 사랑하면 이로써 모든 사람이

너희가 내 제자인 줄 알리라(요 13:34-35).

복음을 전하고, 귀신을 쫓아내고, 능력을 행하면 우리는 큰 주의 종이라고 생각하는데, 주님은 그렇지 않다. 주님의 판단과 우리의 판단은 이렇게 다르다. 무엇보다도 주님의 계명인 사랑을 실천해야 한다.

우리가 아무리 주의 일을 열심히 한다고 해도 미운 사람이 있다면 주님은 모른다고 말씀할 수도 있다는 것을 분명히 알아야 한다. 참 무서운 말씀이다.

그래서 성경은 이렇게 말씀한다.

사랑은 언제까지나 떨어지지 아니하되 예언도 폐하고 방언도 그치고 지식도 폐하리라(고전 13:8).

그런즉 믿음, 소망, 사랑 이 세가지는 항상 있을 것인데 그 중의 제일은 사랑이라(고전 13:13).

하나님이 세상을 이처럼 사랑하사 독생자를 주셨으니(요 3:16).

그러므로 우리는 주님으로부터 받은 사랑을 이웃에게 실천해야 한다. 이 사랑을 실천하려면 내 안에 항상 성령이 충만해야 한다. 즉, 예수로 충만해야 한다. 예수로 충만할 때 거듭난 삶을 살 수 있다. 예수로 충만하지 않으면 하나님 사랑도 형식적이 되고 이웃 사랑은 더욱 어려워진다.

그래서 손경민 목사는 〈충만〉이라는 찬양을 통해 우리가 예수로 충만할 것을 노래한다.

> 무명이어도 공허하지 않은 것은
> 예수 안에 난 만족함이라
> 가난하여도 부족하지 않은 것은
> 예수 안에 오직 나는 부요함이라
> 고난 중에도 견뎌낼 수 있는 것은
> 주의 계획 믿기 때문이라
> 실패하여도 일어설 수 있는 것은
> 예수 안에 오직 나는 승리함이라
> 난 예수로 예수로 예수로 충만하네
> 난 예수로 예수로 예수로 충만하네
> 난 예수로 예수로 예수로 충만하네
> 영원한 왕 내 안에 살아 계시네
>
> 내 몸이 약해도 낙심하지 않는 것은
> 예수 안에 난 완전함이라
> 화려한 세상 부럽지 않은 것은

난 예수로 예수로 충만함이라

난 예수로 예수로 예수로 충만하네

세상 모든 것들도 부럽지 않네

난 예수로 예수로 예수로 충만하네

영원한 왕 내 안에 살아 계시네

난 예수로 예수로 예수로 충만하네

세상 모든 풍파도 두렵지 않네

난 예수로 예수로 예수로 충만하네

영원한 왕 내 안에 살아 계시네

- CCM 〈충만〉 -

난 이 찬양을 즐겨 부른다. 예수로 충만할 때 고난을 이길 뿐만 아니라 미운 사람도 사랑할 수 있다. 인간의 힘으로는 미운 사람을 사랑하려고 해도 사랑할 수 없다. 다만, 예수로 충만할 때 사랑을 실천할 수 있다. 예수로 충만할 때 성령의 열매를 맺을 수 있는 것이다. 우리 모두 성령의 과일을 따 먹자.

10. 내가 네 교회에 500명을 채워 주겠다

2008년도 어느 날, 한번은 밤 1시에 기도하고 2시쯤 누웠는데 주님의 음성이 들렸다.

"내가 네 교회에 500명을 채워 주겠다."

그래서 주님께 이렇게 부탁드렸다.

"주님, 주님의 시대에는 여자와 어린아이들은 숫자에 안 넣었는데, 이왕이면 어른 500명을 보내 주세요."

주님의 답을 들으려고 영적인 귀를 기울였는데 대답이 없으셨다. 그때 깨달은 것이 바로 주님은 어린아이도 한 영혼이기에 숫자에 넣는다는 것이다. 단지 사람들이 장정이 몇 명, 중고등부가 몇 명, 교회학교가 몇 명하면서 구분할 뿐이다.

그리고 목회를 하면서 나는 교회를 내 교회로 생각한 것이 아니라 주님의 교회로 생각했는데, 왜 '네 교회'라고 말씀하셨는지를 한동안 생각했다. 결론은 맞다. 내 교회다. 모든 교회의 머리는 주님이시지만, 목회자가 얼마나 주님 앞에 영적으로 서 있느냐에 따라 교회가 든든히 서고 무너지고 하는 것이다.

그런데 어른 500명을 채워달라는 나의 요구는 욕심이었다. 지금 예배드리는 건물에서 본당 예배실은 보조 의자를 사용하면 350명까지 앉을 수 있다. 더 많이 와도 앉을 공간이 없다.

영아부, 유치부, 교회학교, 중고등부는 별도의 공간에서 예배드린다. 모두 합쳐 500명은 포화 상태다. 매주 보조 의자를 놓고 예배드린다. 우리 건물이 아니기에 예배를 1, 2부로 나누어 드릴 수도 없다. 하나님은 몇 명까지 예배드릴 수 있는 지를 정확히 아시는 것이다.

'500명'을 약속하셨기에 곧바로 500명이 채워질 줄 알았다. 그러나 3년이 지나서야 500명이 채워졌다. 500명을 약속하셨을 때 약 250명의 성도가 예배드렸었다. 그런데 이민교회다 보니 호주에서 정착하지 못하고 학업이 끝나거나 본국 인사이동 또는 교환교수 임기 종료 등으로 귀국하는 사람이 많이 있었다.

한번은 매일 예배 참석 인원을 세는 이원호 장로님이 말했다.

"오늘 550명이 모였습니다."

500명이 채워진 후 한국에 있는 친구 교회를 위해 기도했다.

"하나님, 그 친구 교회도 500명을 채워 주세요."

이렇게 약 일주일 정도 기도했을 때 주님께서 말씀하셨다.

"너는 사랑의 훈련을 박사학위까지 받았지만, 네 친구 목사는 디플로마(diploma) 정도밖에 훈련을 받지 못했다. 더 이상 이 문제로 기도하지 마라."

그렇다. 사랑의 크기에 따라 사람을 포용할 수 있는 것이다. 키가 크다고 몸이 뚱뚱하다고 나이가 많다고 공부를 많이 했다고 교회가 채워지는 것이 아니다. 채우시고 흩으시는 권한을 가지신 하나님의 은혜요 축복이다. 우리 모두 예수 그리스도의 사랑을 본받아 나의 영적 그릇을 키우자.

11. 너를 괴롭게 하는 자를 내가 어떻게 벌하는가 보라

목회를 하다 보면 기쁘고 즐거울 때도 있지만, 힘들 때도 많다. 힘들 때 주님의 십자가를 생각하며 인내하고 또 인내했다. 한번은 어떤 성도의 비난으로 매우 힘들어하고 있을 때 음성이 들렸다.

"너를 괴롭게 하는 자를 내가 어떻게 벌하는가 보라."

이 음성은 분명 나를 테스트하는 하나님의 음성이었다. 그 음성을 듣는 순간, 주님이 나에게 주셨던 무기인 면도칼이 떠올랐다. 내가 목회의 길을 가려고 할 때 너무 두려워 도저히 용기가 나지 않았다. 그때 꿈에 주님이 날 선 면도칼을 나에게 주셨다. 그리고 말씀하셨다.

"이것은 네 무기다. 너를 핍박하고, 너를 괴롭히는 자들을 이 칼로 그을 것이다. 그러니 걱정하지 말고 두려워하지 말고 나의 길을 가라."

나를 괴롭게 하고, 핍박하고, 나를 욕하며, 쑥덕거리는 사람을 좋아할 사람이 어디 있겠는가?

그들을 벌한다면 좋아서 춤이라도 추지 않겠는가?

그러나 나는 그동안 늘 사랑을 말하며 사랑의 종이 되게 해 달라고 기도해 왔다. 그런 내가 사랑은 없고, 그가 매 맞고 벌받는 것을 보고 웃고 기뻐한다면 분명 나는 하나님의 테스트에서 불합격인 것이다.

순간 나는 이렇게 기도했다.

"주님, 아닙니다. 저로 인하여 매 맞는 사람이 없게 해 주십시오."

민수기 12장에 보면, 모세가 구스 여자를 취하였을 때 미리암과 아론이 모세를 비방했다. 이때 하나님께서 아론과 미리암을 회막으로 부르셔서 벌을 내리시는 장면이 나온다.

> 너희가 어찌하여 내 종 모세 비방하기를 두려워하지 아니하느냐 여호와께서 그들을 향하여 진노하시고 떠나시매 … 미리암은 나병에 걸려 눈과 같더라(민 12:8-10).

우리 생각으로는 모세가 이방 여인을 취한 것은 분명 이해하기 어려운 부분일 수 있다. 그러나 하나님은 모세를 비방하는 자들에게 벌을 내리셨다. 모세가 구스 여자를 취한 데에는 분명 하나님의 뜻과 계획이 있었을 것이다.

어찌 되었든 내 생각과 다르다고 해서 교회에서 주의 종뿐만 아니라 일반 성도들을 비난하고 쑥덕거리는 것은 삼가야 한다. 심판자는 하나님이시지 내가 아니기 때문이다.

그래서 바울이 이렇게 말했다.

> 이 후로는 누구든지 나를 괴롭게 하지 말라 내가 내 몸에 예수의 흔적을 지니고 있노라(갈 6:17).

바울을 괴롭게 한 자가 얼마나 많았던가?

우리는 하나님께서 세우신 교회의 지도자, 즉 목사의 권위를 인정하고 순종해야 복된 신앙인이 된다. 다윗이 복을 받은 이유 중의 하나가 자기를 죽이려고 한 사울에 대해 대항하거나 비난하거나 손을 대지 않았기 때문이다.

왜 그랬을까?

사울은 하나님이 기름 부어 세우신 왕이기 때문이다.

성경은 이렇게 권고한다.

> 너희를 인도하는 자들에게 순종하고 복종하라 그들은 너희 영혼을 위하여 경성하기를 자신들이 청산할 자인 것같이 하느니라 그들로 하여금 즐거움으로 이것을 하게 하고 근심으로 하게 하지 말라 그렇지 않으면 너희에게 유익이 없느니라(히 13:17).

12. 좌파니 조심해라

한번은 하나님께서 우리 성도 중에 어떤 분을 보여 주시면서 말씀하셨다.

"좌파이니 조심하라."

"주님, 우파가 있으면 좌파도 있는데, 왜 좌파라고 조심해야 하나요?"

"좌파는 너를 공격하는 자들이고, 우파는 네 편에 서 있는 자들이다."

"그는 자기 생각하고 조금 다르면 너를 가차 없이 공격하고 비판할 것이다. 너를 비난하고 공격하는 사람은 좌파다."

나는 깜짝 놀랐다. 그래서 여쭈었다.

"주님, 그 성도가 교회 일에 충성하고 저에게도 아주 잘 하는데요?"

그러자 주님은 말씀하셨다.

"아니다, 조심해라. 네 의견이 자기 의견과 다르면 너를 공격할 것이다."

예로부터 "열 길 물속은 알아도 한 길 사람 속은 모른다" 는 속담이 있다. 나라고 해서 사람 속을 어찌 알겠는가. 하나님만이 아신다. 주님은 가룟 유다를 제자로 뽑으시면서도 그가 배신할 것을 잘 알고 계셨다.

또 "믿는 도끼에 발등 찍힌다"는 속담도 있다. 목회하다 보면 서로 아주 친하게 지내던 성도끼리 아무것도 아닌 것을 가지고 서로 원수가 된다. 세상 사람들은 막걸리 한잔 마시고 서로 화해할 일임에도 성도들은 영원히 단절하는 것을 볼 때 참 가슴이 아프다. 예수 믿는 사람들이 안 믿는 사람들보다도 못하다고 느껴질 때 참 슬프다.

그러고 보니 하나님은 좌편(왼쪽) 보다 우편(오른쪽)을 좋아하셨다. 오른편에 있는 사람을 축복하셨다.

> 양은 그 오른편에 염소는 왼편에 두리라 그 때에 임금이 그 오른편에 있는 자들에게 이르시되 내 아버지께 복 받을 자들이여 나아와 창세

> 로부터 너희를 위하여 예비된 나라를 상속받으라(마 25:33-34).

> 그의 능력이 그리스도 안에서 역사하사 죽은 자들 가운데서 다시 살리시고 하늘에서 자기의 오른편에 앉히사(엡 1:20).

> 그의 오른손에 일곱 별이 있고 그의 입에서 좌우에 날 선 검이 나오고 그 얼굴은 해가 힘 있게 비치는 것 같더라(계 1:16).

> 지혜자의 마음은 오른쪽에 있고 우매자의 마음은 왼쪽에 있느니라(전 10:2).

그러므로 우리는 모두 주님을 비판하는 좌파가 아니라 주님을 사랑하고 말씀에 순종하는 우파가 되어야 하고, 주의 종을 비난하는 좌파가 아닌, 주의 종을 이해하고 사랑하고 주의 종 편에 서는 우파가 되어야 한다.

또한, 성도들을 비판하고 손가락질하는 좌파가 아니라 성도들을 사랑하고 용서하는 우파가 되어야 한다. 이러한 자들이 하나님으로부터 복을 받는다. 우리가 예수 그리스도 안에 거하는 삶을 산다면 남을 비판하는 좌파는 없고, 상대방을 이해하고 감싸는 우파가 될 것이다.

나는 다른 성도의 흠을 보고 비난하는 사람인가 아니면 이해하고 용서하는 사람인가?

우리 모두 주 안에서 서로 감싸고 용서하고 사랑하는 우파가 되어야 할 것이다.

그래서 주님은 이렇게 말씀하셨나 보다.

> 또 누구든지 제자의 이름으로 이 작은 자 중 하나에게 냉수 한 그릇이라도 주는 자는 내가 진실로 너희에 이르노니 그 사람이 결단코 상을 잃지 아니하리라 하시니라(마 10:42).

12. 내가 있는데 왜 두려워하느냐?

인생이 다 그렇듯, 목회 역시 쉬운 것은 아니다. 기쁨도 있지만 때로는 두려움이 엄습할 때도 있다. 한번은 걱정되는 일이 있어서 잠을 설치고 있는데 주님이 말씀하셨다.

"내가 있는데 왜 두려워하느냐?"

이 음성에 깜짝 놀랐다.

'맞다. 주님이 계시는데 왜 두려워할까?'

믿음이 없기 때문이다. 하나님을 믿는다고 하지만, 보이는 현실 앞에서 우리는 쉽게 두려움에 사로잡히고, 다가올

일을 미리 걱정할 때가 많다.

다윗 또한 인간이기에 고통 중에 하나님께 부르짖었다.

> 여호와여 내가 고통 중에 있사오니 내게 은혜를 베푸소서 내가 근심 때문에 눈과 영혼과 몸이 쇠하였나이다(시 31:9).

죄로 인해 다윗도 깊은 고통 속에서 잠 한숨 이루지 못한 적이 있었다. 인간은 하나님을 믿는다고 하지만 고통 중에 두려워할 때가 참 많다. 베드로 역시 주님이 붙잡히시자, 두려움에 결국 주님을 세 번이나 부인했다. 이것이 바로 인간의 연약함이다.

그러나 주님은 두려워하는 성도들을 책망하신다.

"내가 있는데 왜 두려워하느냐?"

또한, 예수님은 제자들도 책망하셨다. 예수님과 제자들이 배를 타고 이동하는데 예수님은 피곤하셔서 주무시고 계셨다. 그런데 이때 큰 광풍이 불어 배가 침몰할 위기에 처하게 되었다.

제자들이 예수님을 깨웠다.

> … 선생님이여 우리가 죽게 된 것을 돌보지 아니하시나이까(막 4:38).

그러자 예수님은 바다를 잔잔케 하신 후에 제자들을 책망하셨다.

> … 어찌하여 이렇게 무서워하느냐 너희가 어찌 믿음이 없느냐(막 4:40).

그렇다. 제자들뿐만 아니라 우리도 믿음이 없기에 두려워할 때가 많다. 내 힘으로 해결할 수 없는 상황에 근심한다. 하나님만이 해결하실 수 있다는 것을 알고 믿는다고 해도, 기도한다고 해도 근심과 두려움 때문에 뜬눈으로 밤을 지새우곤 한다. 확실한 믿음이 내 안에 없기 때문이다. 내게 근심과 두려움이 있다는 것은 하나님을 믿는 믿음이 부족하다는 증거다.

예수님은 우리에게 이렇게 말씀하신다.

> 평안을 너희에게 끼치노니 곧 나의 평안을 너희에게 주노라 내가 너희에게 주는 것은 세상이 주는 것과 같지 아니하니라 너희는 마음에 근심하지도 말고 두려워하지도 말라(요 14:27).

이사야를 통하여 하나님도 말씀하신다.

> 두려워하지 말라 내가 너와 함께함이라 놀라지 말라 나는 네 하나님이 됨이라 내가 너를 굳세게 하리라 참으로 너를 도와주리라 참으로 나의 의로운 오른손으로 너를 붙들리라(사 41:10).

바울과 실라는 전도하다가 빌립보 감옥에 갇혔지만, 두려워 하지 않았다. 다음날 처형당할 수도 있었지만 두려움이 전혀 없었다. 그들은 감옥에서 기도하고 감사 찬송을 드렸다. 바울과 실라와 같은 믿음이 필요하다(행 16장).

Chapter IV

주님 앞에서

1. 회개기도

　우리는 누구나 한 번쯤 회개기도를 안 해 본 사람이 없을 것이다. 누구든지 잘못을 깨닫고 하나님께 회개기도를 해 보았을 것이다.
　하나님은 말씀하신다.

> 오라 우리가 서로 변론하자 너희의 죄가 주홍 같을지라도 눈과 같이 희어질 것이요 진홍같이 붉을지라도 양털같이 희게 되리라(사 1:18).

　세례 요한은 "회개하라 천국이 가까이 왔느니라"(마 3:2)라고 외친다. 예수님도 "회개하라 천국이 가까이 왔느니라"(마 4:17)고 말씀하신다. 기도 중에 가장 기본이 회개기도이다. 다른 어떤 기도보다 더 우선되어야 할 기도가 회개기도이다.

그런데 이 회개기도를 하나님이 받으시고 용서하셨는지 안 하셨는지 우리는 알아야 한다. 나 혼자 회개기도했다고 '나는 회개기도했으니 하나님께서 용서해 주셨어'라고 내가 판단해서는 안 된다. 우리가 회개기도를 하더라도 용서를 하고 안 하고는 하나님이 하시는 것이다.

예를 들어, 누구를 미워해서 미움을 용서해 달라고 회개기도를 했다면, 그 사람을 생각하거나 만났을 때 미움이 조금도 없어야 한다. 만났을 때 겉으로는 웃는 척해도 속으로는 화가 난다면 그 회개기도는 회개가 된 것이 아니다. 상대방을 볼 때 아주 사랑스러워야 한다. 그 사람의 눈곱도 콧물도 예뻐야 한다.

회개기도를 하면 하나님이 들으시고 용서하신다. 그런데 용서가 되었는지 안되었는지 알 수 있는 것은 꿈이나 환상으로 하나님께서 나에게 아주 깨끗한 물을 보여 주신다. 그럼, 회개를 받으신 것이다. 그런데 물은 아주 깨끗한데 그 속에 티가 하나라도 빠져 있는 것이 보인다면, 그 회개기도는 아직 충분히 회개가 되지 않은 것이다. 어떤 때는 회개가 되었을 때 찬송으로 응답해 주실 때가 있다.

> 내 영혼이 은총 입어 중한 죄짐 벗고 보니
> 슬픔 많은 이 세상도 천국으로 화하도다
> 할렐루야 찬양하세 내 모든 죄 사함 받고
> 주 예수와 동행하니 그 어디나 하늘나라
> - 찬송가 438장 〈내 영혼이 은총 입어〉 中에서 -

이 찬양이 마음속에 가득 울려 퍼질 때면 눈물이 하염없이 쏟아진다. 하나님으로부터 용서함을 받았을 때의 기쁨은 이루 말할 수 없이 기쁘다. 그래서 눈물을 흘리며 이 찬송을 부르곤 한다.

어떤 때는 회개기도를 하고 '회개가 되었겠지' 하며 이 찬양을 부르려고 할 때가 있다. 이것은 인간적인 생각인 것이다. 회개가 되지 않았을 때는 이 찬송이 아예 생각도 나지 않게 막으실 때가 있다.

나는 개인적으로 찬송가 438장 〈내 영혼이 은총 입어〉를 참 좋아한다. 수없이 회개기도를 하며 죄 용서함을 받을 때 얼마나 기쁜지 모른다. 기도할 때 무엇보다도 회개기도가 앞서야 한다.

사도 바울도 늘 회개의 삶을 살았다.

내가 내 몸을 쳐 복종하게 함은 내가 남에게 전파한 후에 자신이 도리어 버림을 당할까 두려워함이로다(고전 9:27).

> 사도 바울이 얼마나 큰 주의 종인가?
> 얼마나 하나님의 능력을 행했던 주의 종인가?
> 얼마나 전도를 많이 했던 주의 종인가?

그런 그도 주님 앞에 떨리는 마음으로, 겸손한 마음으로, 두려운 마음으로 섰던 것이다.

2. 단식기도

나는 목회를 하면서 30여 차례 삼일 단식기도를 했다. 사흘 동안 물 한 모금, 밥 한 숟가락 먹지 않고 오로지 하나님께 부르짖는 심정으로 기도했다. 오직 인생의 해결자는 하나님밖에 없음을 고백하면서 기도하는 것이다.

단식기도는 문제가 있을 때 하는 경우도 있지만, 죄를 회개할 때 회개가 잘 안될 때도 아주 효과적이다. 단식기도는 특히 자신의 혈기를 가라앉히는 데도 큰 도움이 된다.

굶어서 힘이 없는데 무슨 혈기를 부릴 수 있겠는가?

목회하다가 화가 나서 잠을 못 이룬다면 단식기도를 권하고 싶다. 마음이 자연스레 온유해지는 것을 경험하게 될 것이다.

또한, 앞이 캄캄하게 느껴질 때도 단식기도를 권한다. 호주 땅에서 살면서 앞이 보이지 않을 때가 수없이 많이 있었다. 그때마다 단식기도를 했다. 삼일 단식기도는 하나님께 하는 것이고 하나님께 매달리는 것이다. 내가 아무리 음식을 먹고 힘을 내어도 할 수 없으니, 하나님께서 도와주셔야만 한다는 간절한 신앙고백이 들어 있는 것이다.

에스더는 삼일 단식기도를 함으로써 나라와 민족을 구했다. 그녀의 단식기도로 죽음 앞에 있는 이스라엘 민족은 살고, 이스라엘 민족을 죽이려고 했던 하만이 죽게 되었다. 기도는 이렇게 씨름으로 말하면 '되치기'와도 같다.

목회란 영적으로 보면, 깊고 넓은 저수지를 파는 일과 같다. 깊고 넓은 저수지에 성령의 물로 채워야 하는 것이다. 그래야 큰 물고기(성도)도 살 수 있고 작은 물고기도 살 수 있다. 저수지가 얕으면 큰 물고기는 절대로 살 수 없다. 송사리들만 살다가 다투고 싸우다가 나가버린다.

내가 저수지를 깊고 넓게 파면, 물고기를 채우는 것은 하나님이 하신다. 세상에서도 저수지를 만들면, 주인이 물고기를 갖다 넣지 않아도 때가 되면 분명히 물고기가 모여드는 것을 볼 수 있다. 영적인 것도 똑같다. 내가 기도로 교회의 저수지를 깊게 넓게 파면 하나님이 물고기를 채우신다.

기도는 합리적인 사고가 아니다. 기도는 합리적 응답도 아니다. 기도는 초이성적인 응답으로 나타난다. 열두 해를 혈루증으로 고생한 여인이 예수님 옷자락을 만졌을 때 즉시 치유함을 받았다.

> 말이 되는 소리인가?
> 앉은뱅이가 예수 이름으로 일어나는 일을 상상이나 할 수 있겠는가?
> 물고기 두 마리와 보리떡 다섯 개로 오천 명을 먹이고 열두 광주리나 남았다니 참으로 놀랍지 아니한가!

홍해가 갈라지는 일은 합리적 사고로는 상상할 수 없는 일이다. 바위에서 생수가 터지는 일이나, 쓴물이 단물이 되는 일은 이성적인 것으로 해석이 안 된다. 여리고성이 무너지는 일은 군사 전문가들이 볼 때 도무지 믿을 수 없는 황당한 일이다.

그러나 그것이 하나님의 능력이다. 그것을 믿는 것이 신앙이다. 그리고 그것을 구하는 것이 바로 기도다. 기도는 신앙의 응답이다. 그래서 주님도 말씀하셨다.

"네 믿음대로 될지어다."

주님이 이루실 줄을 믿고 삼일 단식기도 하기를 권한다.

단식기도는 그냥 굶는 것이 아니다. 온 마음과 정성을 다해 하나님께 기도하는 것이다. '사흘 동안 굶으면 되지'라는 생각으로 단식기도를 하면 중간에 힘들어서 포기해야 하는 경우가 생긴다. 쉽게 생각하고 단식하다 보면 창자가 뒤틀려서 너무 힘들어 중간에 포기할 때가 있다. 사흘 동안 하나님이 지켜 주셔야만 무사히 마칠 수 있다.

나는 단식기도하기 이삼일 전부터 기도한다.

"하나님, 단식기도를 하려고 합니다. 목이 마르지 않게 하시고 배고프지 않게 해 주세요."

그리고 단식기도 중에도 수시로 목마르지 않게, 배고프지 않게 해달라고 기도한다.

그러면 하나님이 끝까지 지켜 주신다. 단식기도할 때는 입이 바짝바짝 마른다. 그리고 입에서 냄새가 난다. 그럴 때면 양치질을 하면 좋다. 물 한 모금도 안 마시는데, 하루에 두세 번은 꼭 소변을 보게 된다. 몸속에 있는 노폐물이 나온다.

단식기도를 마치고 보호식을 할 때는 특히 조심해야 한다. 사흘 동안 물 한 모금도 마시지 않았기에 목이 완전히 말라 있다. 찬물을 마시면 안 된다. 미지근한 물을 아주 조금씩 천천히 목을 축여 가며 마셔야 한다. 한 컵을 약 십 분에 걸쳐 마시면 좋다. 벌컥벌컥 들이켜서는 안 된다. 물도 잘못 마시면 설사하게 된다. 목구멍과 위에 자극을 주어서는 안 된다.

대추를 푹 달여서 그 물을 마시면 대변보기가 수월하다. 단식 후에는 변이 딱딱하게 굳어 잘 나오지 않을 때가 있는데, 대추 물을 마시면 도움이 된다. 그리고 흰쌀죽을 아주 묽게 끓여서 조금씩 조금씩 마셔야 한다. 배고프다고 무조건 먹다 보면 위가 상해 오히려 건강에 해가 될 수 있다. 물을 마시고, 대추 물을 마시고, 미음을 조금씩 마시다 보면 단식할 때보다 몸이 축 처지고 늘어져 더 힘들다. 회복할 때 더 조심해야 한다.

미음과 함께 된장국을 먹으면 위에 좋다. 된장국은 짜거나 맵거나 하면 안 된다. 된장에 얇게 썬 소고기, 감자, 애호박, 시금치 등을 넣고 푹 끓여서 국물을 마시면 위에도 좋고 회복에 도움이 된다. 회복이 잘되면 몸이 날아갈 것처럼 가볍다. 단식기도하면 기도 응답도 받고 덤으로 육체의 건강도 좋아진다.

2020년 11월에 단식하고 보호식을 할 때 돌아가신 어머니가 우리 집 부엌에 오셔서 땀을 흘리시며 나를 위해 음식을 준비하고 계시는 꿈을 꿨다. '얼마나 자식이 안쓰러우시면 하늘나라에서 오셨을까' 하고 생각하니 돌아가신 어머니가 보고 싶어 눈물이 났다.

꿈에 유부 두 장 위에 달걀부침을 올리고, 그 위에 볶음밥을 놓으셨다. 어머니는 지금도 하늘나라에서 나를 위해 기도하고 계실 것이다.

그런데 돌아가신 분을 꿈에 만나면 꿈속에서는 기쁘지만, 실제로는 그날 안 좋은 일이 생겼다고 말하는 사람들이 간혹 있다. 꿈에 돌아가신 분을 만날 때는 반드시 뒷모습을 봐야 한다. 대부분 안 믿던 부모님이나 친구가 꿈에 나타나면 그 사람이 아니라 마귀가 탈을 쓰고 나타나서 나에게 접근하는 경우가 종종 있기 때문이다.

그런 사람의 뒷모습을 보면 짐승과 같이 꼬리가 달린 것을 볼 수 있다. 분명 마귀다. 이를 분별하고 대적해야 한다. 그 존재를 받아들이거나 반갑게 맞이하면 반드시 좋지 않은 일이 일어난다.

3. 예배 처소를 옮길 때 기도 많이 해야 한다

교회를 설립하고 일 년이 지나니 100여 명이 모였다. 모든 것이 하나님의 은혜였다. 선배 목사님들은 목회가 힘들다고들 하는데, 나는 신학교 강의하느라 주일 설교와 수요예배 설교만 하고 제대로 심방도 할 수 없었다. 그런데 하나님께서 모이게 해 주셨다.

신학대학교가 건물을 팔면서 예배 처소를 옮기게 되었다. 켄모어(Kenmore)에서 스프링우드(Springwood) 지역으로 꽤 먼 곳으로 교회를 옮겼다. 신학대학교가 그쪽으로 옮겼기 때문이었다. 그래서 그곳 스프링우드그리스도의교회(Springwood Church of Christ Church)에서 예배드리게 되었다.

그런데 그 호주 교회 목사님이 교회 사용료를 과하게 요구했다. 교회 사용료를 내지 않으려면 그리스도의교회 교단으로 들어오라는 것이었다. 그래서 할 수 없이 한 달 만에 타링카연합교회(Taringa Uniting Church)로 다시 옮기게 되었다.

그런데 100여 명 되는 성도가 이런저런 이유로 모두 흩어지고 말았다. 목회를 그만두고 싶은 마음도 들었다. 인간적인 생각으로는 교회를 절대로 떠날 것 같지 않은 사람도 떠났다. 배신감도 들었다. 남은 사람은 워킹홀리데이로 온 약 15명의 청년이었다.

그 당시 책을 한 권 읽었는데 내용인즉, '쓸모없는 나무가 산을 지킨다'라는 내용이었다. 지금 기억으로는 미국에서 목회하시는 어떤 목사님이 쓰신 책의 내용 중에 나오는 일부 글이었다. 그 당시 그 목사님의 글이 얼마나 큰 위안이 되었는지 모른다. 인간적으로 좀 괜찮은 사람은 모두 교회를 떠났다. 세상적으로 볼 때 사역에 크게 도움이 될 것 같지 않는 이제 곧 비자가 만료되어 떠나게 될 청년 15명 정도가 남았다. 사흘간 단식기도하면서 다시금 하나님께 기도하고 또 기도했다. 그후 약 1년 후에 100여 명의 성도가 다시 채워졌다.

인두루필리연합교회를 사용하다가 그 교회가 리노베이션(renovation)을 해야 해서 켄모어연합교회(Kenmore Uniting Church)로 옮길 때 얼마나 기도했는지 모른다. 똑같은 실패를 겪지 않기 위해 단식기도를 하며 예배 처소를 옮겼다. 그랬더니 오히려 장소가 외진 곳이었지만 그곳에서 더 많은 부흥을 이루었다.

우리는 교회 예배 처소를 옮길 때 그냥 쉽게 단순하게 생각하는데, 사실은 영적으로 보면 제단을 옮기는 것이다. 아무리 가까운 곳으로 옮긴다고 하더라도 기도를 많이 하고 옮겨야 한다. 그래야 교회가 흔들리지 않는 것이다. 예배 처소를 옮길 때 교인이 흩어지고 교회가 시험에 드는 경우를 종종 본다.

지금은 500여 명이 모이기에 청년들은 잘 모른다. 이름도 얼굴도 모르는 청년이 많다. 그런데 문득 이런 생각을 할 때가 있다.

'혹시 교회가 문제 생기면 나를 목사로 생각하고 남아 있을 교인은 저 청년들일 텐데 ….'

4. 죽음의 슬픔인가, 이별의 슬픔인가?

나는 불효자 중에 참 불효자다. 아버님이 돌아가셨을 때도, 어머니가 돌아가셨을 때도 가보지를 못했다. 아버님이 돌아가셨을 때는 석사 과정을 공부하고 있었는데 시험 기간과 겹쳤었다. 만약 시험을 치지 않으면 나는 낙제되어서 돌아가야만 했다. 모든 유학이 수포로 돌아간다. 그래서 갈 수가 없었다. 사실 당시에는 한국에 다녀올 비행기 삯도 없었다.

어머니가 돌아가셨을 때는 코로나 기간이었다. 그래서 또한 갈 수 없었다. 어머니가 돌아가실 때는 전날에 꿈으로 보여 주셨다. 어머니가 아주 맑은 호수에서 수영하고 계셨다. 그런데 늙으신 어머니가 아니라 약 40대 초반 나이로 보였다. 어머니라고 하시는데 쭈글쭈글한 어머니의 모습이 아니었다. 그렇다. 몸이 변형된 것이다.

예수님께서 부활하셨을 때 왜 제자들이 예수님을 곧바로 몰라보았을까?

예수님의 모습이 변형되셨기 때문이다.

고린도전서 15장 42절에 이렇게 말씀한다.

> 죽은 자의 부활도 그와 같으니 썩을 것으로 심고 썩지 아니할 것으로 다시 살아나며(고전 15:42).

엠마오로 내려가던 두 제자가 예수님과 동행하면서도 예수님을 몰라보았다. 바로 부활하신 예수님의 몸이 썩지 아니할 것으로 변형되셨기 때문이다.

외국에 산다는 것 자체가 우리는 모두 불효자다. 딸네가 한국에 살다가 호주로 다시 들어왔다. 한국에 사나 호주에 사나 마찬가지라고 생각했는데, 딸네가 호주로 오니 마음이 그렇게 기쁠 수가 없다. 그냥 기쁘다. 그렇다. 우리가 부모님과 떨어져 산다는 그 자체가 불효라는 것을 깨닫게 되었다.

아버님과 어머니가 나를 얼마나 보고 싶으셨을까?

손주들이 얼마나 보고 싶으셨을까?

아주 가깝게 지내는 박성학 목사가 진주 외곽인 시골 제곡에서 목회를 했다. 그런데 간암에 걸렸다는 소식을 듣고 마침 한국에 갔을 때 2023년 5월 8일 그 교회를 방문했다. 예전보다 좀 말라 보였지만, 얼굴에 근심이 아닌 웃는 얼굴로 우리 부부를 맞이해 주었다.

참 마음이 아팠다. 몇 달 못산다는 의사의 진단을 받은 상태라 이후로는 이제 더 이상 볼 수 없다고 생각하니 마음이 복잡했다. 한국에 들릴 때마다 반갑게 맞이해 주며 어려운 환경 속에서도 두둑한 봉투를 주던 목사다.

박 목사님과 나는 옥중기도원에서 우연히 만났다. 그는 부산장신대학교 1학년 공부 중이었고, 나는 신학대학을 가기 위해 학력고사를 준비 중이었다.

그때 기도원 원장님이 나를 위해 기도하시면서 나에게 물었다.

"지금 부모님은 뭐 하세요?"

"아버지는 장로님, 어머니는 권사님입니다."

그런데 그 기도원 원장님이 나의 부모님을 위해 기도하시더니 주님이 그러시는데 나의 부모님이 주를 위해 한 일들이 참 많다며 주님이 말씀하셨다고 했다.

"네가 김선규를 도와라!"

하나님은 나와 일절 안면도 없는 기도원 원장님께 나를 도우라고 하셨다는 것이다.

그리고 그분은 이렇게 말씀하셨다.

"부모님이 주를 위한 헌신과 봉사가 크기에 형제님의 길이 잘 열릴 것입니다."

나는 나의 아버지와 어머니가 주를 위해 봉사하는 것은 장로로서 권사로서 당연하다고 생각했다. 그러나 주님은 내 부모님의 봉사와 헌신을 받으셨던 것이다.

그런데 박성학 전도사를 위해 기도하더니 똑같이 물었다.

"부모님이 뭐 하세요?"

그러자 그 전도사님도 아버지가 장로님, 어머니가 권사라고 대답했다. 그러니까 껍데기만 장로님, 권사님이시지 주를 위해 희생하고 주를 위해 해 놓은 것이 하나도 없다고 하나님이 책망하신다는 것이다.

장로이고 권사인데 왜 주의 일을 하지 않았겠나(?) 많이 했을 것이다. 그러나 남에게 보이기 위한 봉사는 형식적일 뿐 힘들고 어려운 봉사는 하지 않았을 것이다. 희생이 없는 봉사를 하신 것이다.

그리고 기도원 원장님은 이렇게 말씀하셨다.

"부모님이 주님을 위해 해 놓은 것이 없어서 박 전도사님 목회 길이 참 힘들겠네요."

내가 호주로 돌아오고 나서 얼마 후에 박 목사님이 소천했다. 마지막 며칠 동안은 나를 그렇게 계속 찾았다고 했다.

"김선규 목사에게 연락해서 나를 위해 기도하라고 해 줘."

물론, 나는 매일 친구 목사를 위해 기도를 했다. 그리고 분명 우리는 언젠가 이 땅을 떠나 주님이 예비해 놓으신 하늘나라에 갈 것이다. 그 곳에서 만날 것이다. 그러기에 우리는 죽음의 슬픔이 아닌 잠시 이별의 슬픔인 것이다.

내가 석사 공부를 할 때 신학대학교 학장이셨던 캔 뉴턴 박사가 돌아가셨다. 2024년 12월 20일 오전 11시에 장례 예배에 참석을 했다. 그분은 여러모로 나를 많이 도와주셨던 분이라 그 은혜를 잊을 수 없었다. 그런데 장례 예배때 나 찾아뵙게 되어 너무 죄송했다.

장례 예배는 엄숙했다. 그런데 부인과 자녀들 유가족들은 슬픔 속에서도 웃음을 잊지 않았다. 부인은 남편과 연애 시절에 있었던 해프닝을 말하기도 하고 한 자녀는 아버지가 크리켓과 낚시를 좋아하셨다고 회고하며 아버지가 큰 고기를 잡을 거라고 떵떵거리며 브리비(브라비)섬(Bribie Island)에 같이 갔는데 아주 작은 피라미 한 마리밖에 못 잡았다고 해서 모두가 함께 웃었다.

한국의 장례식은 슬픔과 눈물의 장례식이라면 호주의 장례식은 엄숙하면서도 웃음이 있는 장례식이었다. 그렇다. 우리는 모두가 천국에서 다시 만날 것이다. 잠시 이별인 것이다. 그러므로 너무 슬퍼하지 말자. 다시 만날 그 기쁨을 생각하며 슬픔과 눈물의 장례식이 아닌 웃음과 다음에 만날 기쁨의 장례식이 되면 좋겠다고 생각했다.

주님은 말씀하신다.

> 너희는 마음에 근심하지 말라 하나님을 믿으니 또 나를 믿으라 내 아버지 집에 거할 곳이 많도다. 그렇지 않으면 너희에게 일렀으리라 내가 너희를 위하여 거처를 예비하러 가노니 가서 너희를 위하여 거처를 예비하면 내가 다시 와서 너희를 내게로 영접하여 나 있는 곳에 너희도 있게 하리라(요 14:1-3).

아멘!

신앙 인물 시리즈

❶ 로이드 존스의 생애
박영호 지음 | 신국판 | 180면

❷ 잔느 귀용 부인의 생애
드로시 고든 커슬럿 지음 | 유평애 옮김 | 신국판 | 208면

❸ 조나단 에드워즈의 생애
정부홍 지음 | 신국판 | 182면

❹ 토마스 맨톤의 생애와 설교
데릭 쿠퍼 지음 | 박광영 옮김 | 국판변형 | 304면

❺ 존 낙스의 생애와 사상
스탠포드 리이드 지음 | 박영호, 서영일 옮김 | 신국판 | 504면

❻ 메이천의 생애와 사상
스테판 J. 니콜스 지음 | 윤재석 옮김 | 신국판 | 340면

❼ 신학자 코메니우스
최진경 지음 | 신국판 | 348면

❽ 교부 어거스틴
빌헬름 게에를링스 지음 | 권진호 옮김 | 신국판 | 200면

❾ 조나단 에드워즈의 생애와 사상
　스테펜 J. 니콜라스 지음 | 채천석 옮김 | 신국판 | 256면

❿ 제임스 패커의 생애
　앨리스터 맥그라스 지음 | 신재구 옮김 | 신국판 | 518면

⓫ 웨슬리의 생애와 신학
　허천회 지음 | 신국판 | 920면

⓬ 배사라 선교사
　신상호·정준기 지음 | 신국판 | 368면